L'âme parle
La langue de ton corps

Par
Julia Cannon

Traduction par: Monique Glibert

Comment nos moi supérieurs nous remettent des messages au travers de nos corps physiques pour nous maintenir sur notre chemin choisi de developpement

© 2013 par Julia Cannon.
2021-Première traduction française imprimée

Tous les droits sont réservés. Toute partie de ce livre, partiellement ou dans sa totalité, ne peut être reproduite, transmise ou utilisée sous quelque forme que ce soit, ou par quelque moyen que ce soit, électronique, photographique ou mécanique, y compris la photocopie, l'enregistrement ou tout autre système de stockage et de recherche sans une autorisation écrite. par Ozark Mountain Publishing, Inc. à l'exception de brèves citations incorporées dans des articles littéraires et des périodiques.

Pour la permission, la sérialisation, la condensation, les adaptations, ou pour notre catalogue d'autres publications, écrivez à "Ozark Mountain Publishing, Inc., P.O. box 754, Huntsville, AR 72740, ATTN: Permissions Department."

Données de catalogage avant publication de la Bibliothèque du Congrès
Cannon, Julia, 1957-
 Soul speak - The language of your body by Julia Cannon
Comprendre la manière secrète dont votre corps délivre des messages de votre âme à travers les douleurs, les douleurs et les maladies.

1.Le moi supérieur   2. L'âme 3. La guérison   4. Le language du corps
I. Cannon, Julia, 1957-   II. Guérison   III. Metaphysiques IV. Titre

"Library of Congress Catalog Card Number: 2021930441

ISBN: 978-1-950608-24-9

Traduction par: Monique Glibert
Maquette de couverture et mise en page: Travis Garrison
Impression: Times New Roman,
Maquette intérieure: Nancy Vernon
Publié par:

PO Box 754, Huntsville, AR 72740
800-935-0045 or 479-738-2348; fax 479-738-2448
www.ozarkmt.com

Imprimé aux États-Unis d'Amérique

Tant que vous demeurez dans votre force, rien n'est trop pesant pour vous

Rien n'est par delà d'une quelconque limitation - tout est possible. Ce n'est simplement qu'une question de la distance jusqu'où vous vous autorisez à croire

Le Moi Supérieur

Remerciements

Nombreux sont les gens qui de tant de façons différentes ont contribué à ce livre. Ce ne sont pas mes seuls efforts qui l'ont écrit. J'ai dû assumer un rôle complètement différent pour que cela s'accomplisse. Je suis généralement la personne qui soutient en donnant l'encouragement et étant la "meneuse" si nécessaire. Maintenant, je devenais celle qui avait besoin de soutien, d'encouragement et d'acclamations.

Je suis très reconnaissante à mon Moi Supérieur de constamment me rappeler à quel point il était important d'obtenir cette information "là-bas". En fin de compte, je savais ce qui allait me sortir de ma zone de confort et me faire bouger.

Je suis très reconnaissante à ma mère pour ses bénédictions, son aide et sa contribution à la réalisation de cet objectif. Son travail de grande pionnière est ce qui a ouvert la voie à mes efforts. Nous formons une équipe formidable, peu importe à quel point je résiste.

Merci Vitaly, d'être ma force quand j'avais besoin d'une épaule - à la fois pour pleurer et pour m'appuyer. J'en suis éternellement reconnaissante. C'est le sens du partenariat.

Merci Tiffany, d'être la meilleure fille du monde. Je suis si contente que tu m'ais choisie pour être ta mère!

Je suis très reconnaissant à mon système de soutien - Kristy, Nancy, Sara, Shonda, pour m'avoir aidé à créer l'espace nécessaire pour écrire. Et à Martyn pour m'avoir aidé avec du matériel de recherche!

Merci James pour ton étrange méthode de motivation. Je suppose que cela a fonctionné!
Et un dernier merci à toutes les "cheerleaders" en cours de route - vous n'avez aucune idée de l'importance de recevoir tous vos mots d'encouragement.

Table des matières

Introduction
Chapitre 1 - Les messages   1
Chapitre 2 – Hypnose   6
Chapitre 3 - Qui sommes-nous vraiment   9
Chapitre 4 - Manuel de traduction   18
Chapitre 5 - Les émotions   23
Chapitre 6 - Le cancer   28

Section : Messages des parties du corps   35

Chapitre 7 - Le système circulatoire   37
Chapitre 8 - Le système digestif   42
Chapitre 9 - Le système endocrinien   51
Chapitre 10 - Le système immunitaire   58
Chapitre 11 - Le système tégumentaire   63
Chapitre 12 - Le système lymphatique   66
Chapitre 13 - Le système musculo-squeletique   68
Chapitre 14 - Le système nerveux   76
Chapitre 15 - Le système reproducteur   84
Chapitre 16 - Le système respiratoire   92
Chapitre 17 - Le système sensoriel   96
Chapitre 18 - Le système urinaire   102
Chapitre 19 - Les chakras   105
Chapitre 20 – Les Accidents   116
Chapitre 21 - Le processus   121
Chapitre 22 - Les messages du corps - Un Guide de
    référence rapide   127
Julia Cannon   135

Introduction

Vous verrez tout au long de ce livre que nous sommes beaucoup plus que la somme totale de chair et de sang que nous présentons au monde extérieur. Nos corps sont de magnifiques machines dans lesquelles nous avons décidé de nous abriter pour une durée de notre choix afin de vivre cette expérience que nous appelons notre vie. Ces machines sont faites pour fonctionner parfaitement sans douleurs, ni soufrances ou maladies et peuvent se guérir de tous les accidents si nous n'intervenons pas. Donc, si nous sommes conçus pour ne jamais être malade, pourquoi y a-t-il tant de souffrancess et de maladies? Pourquoi tant d'entre nous sont constamment dans des états de douleur et de manque de confort? Se pourrait-il qu'il y ait beaucoup plus dans tout cela que ce ne soit observable? Nous commençons tout juste à réaliser nos vrais rôles dans ces corps et sur cette planète. Si vous ne prescrivez pas à ma ligne de pensée que je vais vous présenter ici, ce sera très bien aussi, vous n'avez aucun besoin d'être entièrement d'accord avec moi pour comprendre ce que je vais essayer de présenter. Chacun a droit à sa propre vérité et à sa propre compréhension. Je vous encourage néanmoins à lire l'information et à décider par vous-même si elle résonne avec vous.

Les informations que je vais partager ici, sont basées sur le travail de ma mère, Dolores Cannon et ses innombrables clients avec lesquels elle a travaillé au cours de ses 40 années de carrière, ainsi que sur mes propres intuitions et conseils travaillant à ses côtés. Quand vous comprenez la langue du corps, chaque personne devient transparente. Nous portons littéralement nos problèmes "sur notre manche" d'une manière visible. Vous verrez ce que je veux dire par là pendant ce processus.

J'ai été guidée pour écrire ce livre depuis plusieurs années maintenant, mais je m'étais trouvée réticente à le faire pour de nombreuses raisons. L'une des choses qui me retenait était de voir tous les merveilleux livres existant déjà sur le même sujet. Cela peut être assez intimidant. Ce n'est pas un nouveau concept. Louise Hay a été l'une des premières à montrer que par nos corps nous communiquent des messages tout le temps et si nous comprenons ces messages, nous pouvons avoir une meilleure compréhension sur les problèmes dans nos vies. Elle a eu une carrière fantastique où elle a montré aux gens comment ils pouvaient guérir leurs vies en comprenant ces messages et ensuite en verbalisant des affirmations pour équilibrer leurs situations. On m'a également référé à Annette Noontil qui a écrit: "The body is the barometer of the soul" (Le corps est le baromètre de l'âme, non traduit en Français) et "Le langage secret de votre corps" d'Inna Segal. Comme je l'ai dit, ce n'est pas un concept nouveau. Donc, vous pouvez comprendre pourquoi j'étais réticente à apporter sur le terrain encore un autre livre sur le même sujet. Mon Guide a persisté et a continué à être très insistant.

J'ai demandé ce que ce livre offrirait que les autres déjà là ne possédaient pas. On m'a dit qu'il y a un processus par lequel nous communiquons avec nous-mêmes pour que nous comprenions où nous en sommes dans notre développement et notre mission sur cette planète. Nous avons tellement de malaises, de maux, et de souffrances que nous n'en écoutons ni ne comprenons les messages livrés par notre corps. Il existe également un processus par lequel nous comprenons et agissons sur ces messages. Lorsque nous nous engageons pleinement dans ce processus, nous amenons notre propre "guérison", ainsi que le développement et la compréhension de qui nous sommes vraiment. Donc, l'un des messages que vous entendrez par moi encore et encore, c'est que nous avons le devoir de nous engager dans ce "processus". Ce n'est pas un livre de ressources que vous pouvez consulter pour obtenir des réponses rapides. J'y ai introduit des chapitres qui montrent la manière par laquelle les différentes parties du corps ont tendance à représenter les mêmes types d'informations. Car ainsi elles visent à vous présenter comment le processus fonctionne, afin que vous puissiez y participer dans un but d'apporter votre propre compréhension et guérison. On m'a dit qu'il est très important que nous arrêtions de regarder en dehors de nous-même pour trouver les réponses. Arrêtez de chercher quelqu'un ou quelque chose d'autre pour vous "réparer". Nous avons toutes les réponses à l'intérieur et je vais vous montrer à quel point ceci est une déclaration véridique. Je vais aussi vous montrer comment vous mettre en communication avec cette partie du corps pour entendre clairement vos messages et comment les interpréter.

Nous sommes tous et toutes de grands et puissants êtres. Ma mission sera de nous aider tous à nous en souvenir.

Une autre des choses qui me retenait était la pensée que ma mère ait travaillée à tout cela et avait obtenu ainsi cette information depuis si longtemps, que quelque part c'était comme si je me sentais presque coupable de recevoir des messages pour écrire ce livre. Ce fut une découverte énorme quand elle avait trouvé le modèle qui présentait encore et encore à ses clients les significations pour leurs divers maux et malaises. J'avais également l'impression de ne pas avoir "payé mes cotisations" pour obtenir l'information comme je le faisais. Je réalise maintenant que tout est complètement différent et que ces pensées viennent d'un ancien schéma énergétique. Avec le temps qui court à une vitesse de distortion warp, et nous-même traversant plusieurs dimensions à la fois, il me semblait difficile de me faire faire toute cette quantité de travail et ceci également avec énormément de patience. Je sais que lorsqu'elle revenait à la maison et qu'elle me parlait des différents scénarios de ses clients et de leurs symptômes, j'avais trouvé très fascinant de savoir ce qui se passait chez une personne sans qu'elle ne vous dise autre chose que ses douleurs, ses maux et ses indices. Il m'a fallu plusieurs années pour essayer de mettre ces mots sur papier, mais maintenant j'accepte finalement ma place sur ce cheminement. Beaucoup peuvent se demander pourquoi on serait réticent à faire ce que vous vous savez être guidé à faire. Comme vous le verrez probablement tout au long de ce livre, je peux avoir la tête dure et je n'aime pas qu'on me dise quoi faire (c'est difficile à admettre, mais c'est vrai!). Même si cela vient du plus haut du plus haut, je vais probablement rouer dans les brancards si j'ai l'impression d'y être poussée, ou que ce n'est pas mon idée ou de mon choix conscient. Vous voyez, même lorsque vous êtes consciente de votre développement, vous pouvez toujours manifester de la résistance.

J'espère que vous allez lire ce livre avec un esprit ouvert et que vous authoriserez votre vérité à venir à vous. Au fur et à mesure que vous progressez dans de tels processus associés, vous verrez à quel point vous pouvez devenir très puissant pour la manifestation créatrice, et j'aimerais que chacun d'entre vous voie à quel point il est facile et profond de parvenir à sa propre guérison.

Chapitre 1

Les messages

Ce travail a pris du temps dans sa préparation. Quand quelque chose émerge dans le sein de votre existence, de votre mode de vie, et a fait croitre ses racines dans tout ce que vous avez fait, il est facile d'affirmer qu'il s'agit d'un produit de vos expériences de vie. J'étais une gamine de la marine (un terme militaire pour un enfant élevé dans l'armée) et nous déménagions tous les deux ans pendant que mon père était transféré dans différents endroits pour remplir ses obligations professionnelles.

Même si nous avons été élevés dans la foi baptiste et que nous sommes allés à l'église presque tous les dimanches, nous avons aussi été élevés avec un esprit ouvert et entrainés à poser des questions. Je pense que j'étais toujours intéressée par des choses inhabituelles et invisibles. J'ai été élevée dans cette façon de penser ouverte pendant la plus grande partie de ma vie, donc il n'y avait rien d'inhabituel pour moi. Nous étirions toujours nos horizons et aujourd'hui, rien n'est différent.

Je ne me souviens pas quand la reception des messages de manière audible a commencé pour moi. C'était très progressif et subtil et avait été initiée par des intuitions. Je me souviens qu'à maintes reprises pendant que je conduisais faisant face à un problème ou une situation quelconque et qu'il m'arrivait d'entendre un cri venat de la banquette arrière de ma voiture. Je me souviens de m'être attendue à voir quelqu'un d'assis là. Personne ne s'y trouvait et la deuxième fois où c'est arrivé, j'ai pris la situation en compte. Comme j'avais réalisé que c'était quelqu'un ou quelque chose qui essayait de communiquer avec moi, j'ai alors essayé d'agir sur ce que "ça" m'avait crié. Je ne me souviens pas si quelque chose en est sorti, mais je pense que la chose importante était que j'avais identifié la communication parce qu'une ouverture semblait se présenter sur quelque chose à ce moment-là.

Beaucoup de personnes m'ont dit qu'elles avaient ressenti des cris similaires depuis la banquette arrière de leur voiture ou quelque part derrière eux. Je pense que ça passe comme un cri au début parce que c'est le premier transpercement du voile et c'est quelque chose que nous n'avons pas l'habitude d'entendre. "Ils" nous parlent constamment, mais nous n'écoutons pas. Une fois que cela a traversé et que nous l'avons reconnu, c'est là comme un son très subtil ou "reconnaissable". Je peux vous assurer que la plupart des gens l'entendent, mais parce qu'il est si subtil, ils pensent que c'est leurs propres pensées. Vous remarquerez que lorsque vous posez une question, vous entendez une réponse. La plupart d'entre nous pensent que c'est notre moi intérieur, donc nous le passons pour non pertinent ou incorrect. Nous avons du mal à croire que nous pourrions réellement posseder les réponses en nous. Je vais vous démontrer dans les prochains chapitres comment vous pouvez le savoir et comment obtenir les réponses. Vous avez juste besoin d'y croire.

Pour développer ceci, au début, je recevais des réponses très simples, surtout un mot quand je posais une question. Étant la personne toujours vigilante que j'étais, j'ai décidé que je voulais savoir qui ou ce que j'entendais. J'ai depuis trouvé que c'est une étape très normale dans le développement de telles capacités. Je crois que c'est très "humain" et cela nous aide à discerner pour nous-mêmes ce qu'est quoi. Je "leur" ai demandé, ou qui que ce soit, avec qui je parlais, comment je pouvais savoir si c'était bien "eux", ou juste moi-même ou quelques vœux pieux de ma part. Certaines des choses que j'entendais étaient très gentilles et j'aurais vraiment aimé qu'elles soient vraies. J'ai entendu: "S'il s'agit de nous, nous nous tiendrons juste derrière ton oreille droite. Et si c'est toi, ce sera en haut à gauche dans ta tête." Maintenant, ceci n'est pas le cas pour tout le monde. C'était comme ça pour moi. C'était pour m'aider à discerner pour moi-même. Je pense que c'est juste un truc "humain" sain. Il nous est nécessaire savoir ces choses pour progresser.

Un autre phénomène que j'avais commencé à remarquer était qu'après avoir reçu un message, j'obtenais trois confirmations différentes dans la période des 24 heures suivantes. Ces confirmations venaient sous la forme de quelqu'un s'approchant de moi et répétant textuellement ce que j'avais entendu, ou je l'entendais à la radio, je le voyais sur un panneau d'affichage ou à la télévision ou je le lisais dans un livre ouvert sur cette page. Je crois que ceci est une aide pour nous dire que nous avons effectivement entendu ce que nous pensions avoir entendu. Ce processus de reconnaissance et de confirmation des messages aide à construire la confiance dans notre propre orientation et continue d'ouvrir le canal de la communication. Je n'ai plus besoin de confirmation, mais ça vient toujours. Je dis: "Merci", et suis toujours émerveillée par la façon dont cela se réalise.

Comme le voile de l'oubli s'aménuise, nous découvrons tous que nous avons de telles capacités. Je vois des images visuelles (des images dans ma vision de l'esprit), j'entends des messages, je sens de l'énergie et je sais. Ce ne sont que quelques-unes des nombreuses façons de recevoir des informations. Je ne suis pas spéciale - n'importe qui peut le faire. Je garantis que chacun d'entre vous a des capacités en devenir. Si vous ne pensez pas que c'est le cas, c'est soit parce que vous avez des attentes sur ce à quoi vous devez penser, soit parce que vous pensez que les capacités vous rendront différent ou spécial. Tout le monde reçoit des informations de manière unique et différente. Juste parce que quelqu'un que vous connaissez est capable de recevoir des images visuelles ou de "savoir" intuitivement, par exemple, ne veut pas dire que c'est ainsi que cela sera pour vous. Permettez-vous vous-même de vous développer de votre manière unique. Une capacité très populaire et souvent négligée est la "chair de poule." Vous savez les petites bosses que vous obtenez sur vos bras / jambes / corps avec les "frissons" associés? On les appelle des noms différents dans différents pays, mais je pense que vous savez ce que je veux dire. Lorsque vous obtenez ces "frissons de chair de poule", cela signifie que tout ce que vous venez d'entendre ou ce que vous venez de dire est la VÈRITÈ.

"Ils" m'ont dit d'avoir ces capacités sont nos droits naturels, divinement donnés. Ils sont aussi naturels que la respiration. Donc, si vous pouvez respirer, vous POUVEZ et avez probablement des capacités dans le devenir. Laissez-les simplement arriver. Il n'y a RIEN à craindre, vous entrez dans votre vrai moi.

l y a un peu plus de dix ans, j'étais très occupée dans ma carrière d'infirmière et je dirigeais une agence de soins à domicile. J'étais infirmière certifiée depuis plus de vingt ans et je me spécialisais en soins intensifs et en soins d'infirmière à domicile. J'ai continué à recevoir des messages d'instruction pour démarrer un centre de guérisons en Arkansas. J'ai pensé: "Pourquoi voudrais-je créer un tel centre en Arkansas?" J'ai reçu ce message au moins quatre fois. J'ai commencé à faire de legers mouvements vers ce but, mais ensuite j'avais abandonné tout effort et me repliais dans ma zone de confort. J'avais eu une vie assez confortable grâce aux soins infirmiers que je dispensais et je ne parvenais pas à voir comment m'éloigner et être toujours aussi financièrement confortable. Ces messages sont arrivés sur une période de un à deux ans. J'avais même fait une tentative d'ouverture d'une sorte de centre de santé dans le Missouri, où je vivais à l'époque. Donc, comme vous pouvez voir que recevant ces messages j'essayais d'agir sur eux, mais j'essayais de le faire à ma façon - d'une manière où je me sentais à l'aise. Lorsque le dernier message est arrivé, j'ai posé une autre question. J'ai demandé, "Comment diable pourrais-je commencer un centre de guérison en Arkansas?" Je suppose que c'était la question magique parce que dès que je l'ai demandé, ma vie s'est complètement retournée. C'était comme si l'Univers disait: "Je vais te montrer comment!" J'ai été arrachée à cette vie confortable que j'avais construite et si bien connue et je me suis trouvée propulsée dans ma nouvelle vie d'incertitude et de total renouvellement. J'avais perdu tous les morceaux de ma vie précédente. Toutes mes possessions matérielles s'étaient volatilisées. Ma carrière avait disparue. Tout ce que j'avais connu - tout mon confort - parti. Tout ce qui me restait était ma famille. J'ai lu depuis que cela arrive parfois, alors ainsi vous réalisez qui vous êtes vraiment. Vous n'êtes pas vos possessions ou carrière ou poste dans la vie. Vous êtes dépouillée jusqu'aux os et ce qui reste, c'est "vous."

C'était mon expérience avec ce qu'on appelle la planche éthérique ou universelle de "deux par quatre". J'aime dire que la mienne ressemblait plus à une de dix sur six. Je peux être assez difficile à diriger parfois et il m'a fallu plus de temps pour m'écouter, je suppose. J'ai balancé des coups de pied, et j'ai crié, et j'ai résisté au mouvement qui m'était imposé. Même maintenant je me retrouve à résister à cette nouvelle vie qui continue à se dérouler. Je trouve cela très drôle puisque j'ai ce qui semble, pour beaucoup, une vie enviable car je suis capable de vivre 24 heures sur 24 toute la semaine ce que je crois. La plupart des gens essaient "d'intégrer" des activités qui correspondent à leurs croyances, au sein d'horaires chargés de travail qu'ils n'aiment pas, avec des personnes qui ne les comprennent pas. Je suis autour de gens fascinants tout le temps et je suis capable de voyager jusqu'aux confins du monde.

Comme j'ai essayé d'évaluer pourquoi je résiste encore, il me semble que la raison en est que cette partie humaine de moi n'aime pas qu'on lui dise quoi faire. Et peu importe à quel point cette vie présente est merveilleuse, ce n'est pas ce que j'avais consciemment choisi pour moi-même. Ne sommes-nous pas stupides? Donnez-nous la lune, mais si ça ne s'est pas passé comme on le prévoyait, nous ne sommes pas satisfaits. J'accepte peu à peu cela comme étant ma vie. Surtout que je comprends comment fonctionnent les conseils et les planches de "deux par quatre".

Chapitre 2

Hypnose

La plus grande influence pour ce matériel est ma mère, Dolores Cannon. La meilleure façon de se familiariser avec son vaste travail est de faire une recherche sur Internet. Je vais relayer la partie de son travail qui s'applique à ce que je présente ici.

Dolores est une thérapeute en régression de vie passée. Elle est une maître hypnothérapeute et fait ce travail depuis plus de 40 ans. C'est une femme courageuse et pionnière qui n'a jamais peur et qui est toujours restée curieuse.

Mon père était dans la Marine pendant 21 ans et nous avions l'impression de déménager constamment, car nous avions tendance à déménager tous les deux ans. Je pense que cela nous a aidés à être très ouverts d'esprit car nous avons été exposés à tant d'environnements et de personnes différentes. Nous ne sommes jamais restés assez longtemps dans un même endroit pour établir des relations durables. La tendance était de se faire des amis rapidement et d'apprendre à avancer et à laisser les gens derrière. Nous avons été élevés pour être ouverts à d'autres façons de penser et je crois que cela a ouvert la voie à ce qui s'est passé dans nos vies. Je sais que ça a l'air d'un cliché, mais on me demande souvent: "A quoi ressemblait le fait de grandir avec une mère comme Dolorès?" Vous devez comprendre, elle n'était pas toujours ce que vous voyez aujourd'hui. Nous étions une famille militaire de base qui se débrouillait à peine.

Mon père était l'hypnotiseur original et ma mère l'aidait. C'était dans les années 1960 quand les vies antérieures et la métaphysique étaient des choses inconnues. Ils aidaient une femme à perdre du poids avec l'hypnose en l'aidant à se détendre quand soudainement elle a pénétrée dans une vie antérieure. Cela a conduit à une histoire incroyable de retour en arrière au travers de cinq vies et jusqu'au lieu de sa création. C'était assez étonnant à l'époque et a ouvert de nombreuses avenues pour leur réflexion. Vous pouvez trouver cette histoire complète dans le livre de Dolores, "Cinq vies en memoire".

Au fil du temps, Dolores est devenue de plus en plus compétente dans son travail avec les gens et a découvert des aventures toujours plus excitantes et nouvelles et a écrit dix-sept livres au moment de la rédaction de ce livre (2012). Elle a travaillé avec des enlèvements par UFO pendant plus de vingt ans et pendant qu'elle travaillait avec les extraterrestres, elle a commencé à obtenir des informations de nature supérieure à celles que les E.T. lui donnaient et elle s'est retrouvée en communication avec une très haute source d'information. Cette découverte devint plus tard la "source de toute connaissance". Elle trouva que cette source d'information était également capable de guérir instantanément la personne avec laquelle elle travaillait si cela était approprié. En travaillant avec ce pouvoir supérieur, on lui a dit comment le corps utilise les maux, les douleurs et les maladies pour communiquer des messages à la personne. C'est ce que je vais révéler ici dans ce livre.

J'ai commencé à recevoir des messages pour écrire ce livre pendant que j'aidais Dolores à enseigner ses cours sur les méthodes d'hypnose (Quantum Healing Hypnosis Therapy ou QHHT). Je restais assise à l'arrière de la pièce (habituellement en train de travailler), et je recevais un message selon lequel je serais la seule à pouvoir rassembler toutes ces informations concernant le corps en un endroit unique. Au début, je me suis sentie humiliée et intimidée car c'était la découverte de Dolorès et je me demandais comment elle allait se sentir si c'était moi qui réorganisais tout ceci. Je pensais que nous devrions peut-être collaborer afin qu'il n'y ait pas d'erreur sur l'origine de l'information. Je lui ai posée la question à ce sujet et elle m'a dit qu'elle me soutenait pleinement, mais ce serait mon livre à écrire toute seule car elle avait plusieurs autres livres sur lesquels elle travaillait déjà.

Elle a continué à obtenir des informations pendant ses sessions pour que je les inclue dans les nombreux exemples que vous verrez dans ce livre.

J'utiliserai le terme session tout au long de ce livre. Cela se réfère à une séance d'hypnose privée dans laquelle Dolores hypnotise un client. L'hypnose est un état profond de relaxation dans lequel le client est capable d'accéder à de l'information par différentes formes de perception. La façon la plus courante de recevoir l'information est la visualisation, mais certaines personnes ne peuvent pas dire ce qui se passe en "sentant leur environnement" ou en "sachant". Je veux que vous le sachiez parce que beaucoup de gens viennent pour une session et ont des attentes sur ce qu'ils pensent qui va s'y passer, basées sur des notions préconçues ou des choses qu'ils ont lues dans certains livres de Dolores.

Grâce à ce processus d'hypnose, le client est capable de visualiser différentes heures / lieux - tout ce qui est jugé approprié et nécessaire par leur moi supérieur. Les informations provenant de ces différents moments / lieux peuvent être très utiles pour donner un aperçu sur vos situations dans la vie présente.

Chapitre 3

Qui sommes-nous vraiment

Pour comprendre comment vous pouvez provoquer cette guérison, vous devez d'abord comprendre qui vous êtes réellement. Vous n'êtes pas seulement de la chair et du sang. Vous avez un corps de chair et de sang, oui, mais il est connecté à quelque chose de beaucoup plus grand. Vous avez probablement entendu la phrase: "Vous n'êtes pas un corps, vous avez un corps." C'est le vêtement que vous vous êtes choisi pour cette expérience terrestre. Maintenant, avant de vous fâcher, réalisez que vous avez choisi tout ce qui concerne votre vie pour une raison. Pour les choses que vous desiriez apprendre. Quand nous sommes venus ici, nous sommes venus avec l'intention d'apprendre et d'expérimenter - Tout! De cette façon, nous pouvons grandir et nous développer. Sans tout compliquer, nous possédons une âme qui a décidé de venir sur ce plan vibratoire et d'y avoir des expériences humaines. Ce plan terrestre a des règles, comme lorsque l'on joue à un jeu. Et l'une des règles pour jouer à ce jeu sur Terre est de ne pas en connaître les règles. Essentiellement, jouez à ce jeu dans l'obscurité avec un foulard sur vos yeux. Cela rend le jeu plus difficile - et amusant (je suppose). Retournons à ce que j'ai dit précédemment à propos "d'avoir un corps, de ne pas être un corps". Nous commençons en tant qu'âme.

Celui-ci est l'univers le plus difficile de tous les univers où vivre. C'est la planète la plus difficile de toutes les planètes de cet univers où vivre. Afin d'être autorisé à mettre les pieds sur cette planète, vous devez être un maître de la manifestation. C'est le seul type d'âme qui puisse gérer ce qui se passe sur cette planète (ce plateau de jeu). Ce n'est pas par hasard; Tout cela est par conception. Des "joueurs" là-bas? Vous savez, les gens qui aiment jouer à des jeux, en particulier les jeux informatiques. Les jeux ont des différents niveaux. À chaque niveau, il y a toutes sortes de défis qui permettent à vos capacités de manœuvrer autour des obstacles. Que faites-vous lorsque vous terminez un niveau? Vous passez au niveau suivant, non? Et ce niveau est un peu plus difficile et plus compliqué avec des défis plus nombreux et différents. Et que faites-vous quand vous terminez ce niveau? Vous passez encore au niveau suivant qui est encore plus difficile. Ok - disons que vous avez maintenant terminé le jeu en entier. Merveilleux, vous êtes le maître de ce jeu !!! Maintenant quoi? Vous passez à un autre jeu. Probablement parce que vous maîtrisez les jeux, vous en choisirez un qui est plus difficile parce que vous vouliez perfectionner vos compétences. Lorsque vous avez terminé ce jeu, vous passez à un autre jeu plus difficile. Ok - disons que vous continuez et que vous avez terminé TOUS les jeux. Maintenant, que faites-vous? Hmmm - CRÈER un jeu? Nous, en tant que maîtres manifesteurs, voulions vivre une expérience stimulante. Si vous, en tant que maître de jeu, souhaitiez créer un jeu, comment le concevriez-vous? Peut-être en commencant avec un environnement qui est très lourd et dense, ce qui rend plus difficile de se déplacer? Nous avons l'habitude d'être léger comme l'air et de voler et de créer sur un coup de tête. Ce milieu dense sera comme d'essayer de se déplacer dans de la boue et de la boue de sables mouvants.

Quand je reçois un nouveau jeu, la première chose que je veux savoir est, quelles en sont les règles. Comment puis-je jouer à ce jeu? Eh bien, disons que dans ce jeu que nous avons conçu, il n'y a pas de règles. Tout le monde fait ce qu'il veut (le libre arbitre). Et puis, pour le rendre vraiment excitant, faisons en sorte que tout le monde oublie ça: 1. Que c'est un jeu; 2. Qui nous sommes vraiment; et 3. Que nous avons conçu ce jeu. Le voile de l'oubli est tiré sur nos yeux quand nous entrons sur cette planète. Nous sommes les seuls êtres dans tous les univers qui oublient qui nous sommes et notre connexion à tout.

Seuls des maîtres de la manifestation pourraient et peuvent faire de telles choses!!! Nous sommes des êtres grands et puissants qui sont venus ici pour vivre des expériences significatives, instructives et stimulantes. Tout cela permettra d'affiner nos capacités et compétences pour encore de plus grandes choses que nous souhaitons accomplir. Parce que nous sommes ici sans mémoire de qui ou de quoi nous sommes, nous avons créé un système de communication pour nous aider en cours de route, pour nous faire savoir si nous nous éloignons de ce que nous faisons ou de ce que nous désirions faire ici. Ce système de communication fonctionne toujours, mais nous ne savons pas toujours comment interpréter ses messages. Il y aura plus d'informations sur cela dans une minute.

Dolores Cannon (ma mère) enseigne sa méthode d'hypnose partout dans le monde et je suis habituellement là avec elle dans la salle de classe pour l'aider si besoin est. Au cours d'une des classes à Sydney, en Australie, la classe discutait de cette source de toutes connaissances que Dolores contacte quand elle a la personne en transe, et ils partageaient ensemble toute cette profonde sagesse. Dolores appelle cette partie le "subconscient" parce qu'elle ne savait pas comment l'appeler autrement. Ce n'est pas le même subconscient auquel les psychiatres se réfèrent, qui lui, est la partie infantile de l'esprit qui est utilisée pendant l'hypnose pour travailler et changer les habitudes de quelqu'un. Cette partie que Dolores a découverte a été désignée par d'autres comme l'âme supérieure, le Soi Supérieur ou Conscience Universelle. Dans la classe il y avait beaucoup de débat autour de qui et de quoi il s'agissait. J'étais au fond de la pièce, comme d'habitude, quand tout d'un coup j'ai eu un aperçu visuel de ce que tout cela est. J'ai pensé: «Oh, c'est cool!» Et puis j'ai entendu une voix dire: «Dessine-le leur». J'ai dit: «Ok, c'est bien, mais j'ai compris.» Et j'ai entendu: "DESSINE-LE !!"

Si l'un d'entre vous vous s'est déjà fait crier dessus, vous savez de quoi je parle. "Ils" vont vous crier dessus si cela est nécessaire. Surtout pour ceux d'entre nous qui peuvent être vraiment vraiment têtus!

Vous vous demandez peut-être à quoi correspondent ces "ils" ou "eux". C'est ce que montrera mon dessin, alors soyez patient avec moi.

J'ai commencé à dessiner ce que l'on m'a montré, et j'ai trouvé que je ne le comprenais pas autant que je le croyais. Dans le dessin, "ils" m'ont montré comment faire quelques changements subtils mais très importants qui ont fait toute la différence dans la compréhension du principe. Quand la classe a pris une pause, j'ai montré à quelqu'un à côté de moi ce qui m'avait été donné. Pendant que je l'expliquais, quelqu'un de l'autre côté de la pièce est venu en courant et a dit: "C'est la réponse que j'avais essayé d'obtenir!" Après la pause, j'ai procédé à la recréation du dessin pour toute la classe. Une autre chose intéressante est arrivée. Certains élèves ont posé des questions - des questions que je n'aurais jamais pensé poser. Quand ils l'ont fait, le dessin a évolué et les réponses sont apparues devant moi.

Ce dessin a continué d'évoluer à mesure que les gens posaient des questions. Les questions sont très importantes. Je le vois maintenant en train de respirer. Je vais le dessiner ici pour vous, mais vous devez comprendre qu'il s'agit d'un dessin en 6 dimensions (je ne sais pas encore ce que cela signifie, mais enfin!) que j'essaie de relayer sur un support bidimensionnel. Je suis limitée et je ferai de mon mieux pour obtenir l'information.

En raison de la nature limitée de ce moyen, les choses seront disproportionnées, mais utilisez votre imagination et je pense que vous l'obtiendrez.

C'est vous assis ici en train de lire ceci. C'est ce que vous pensez être:

Ceci est qui vous êtes en réalité:

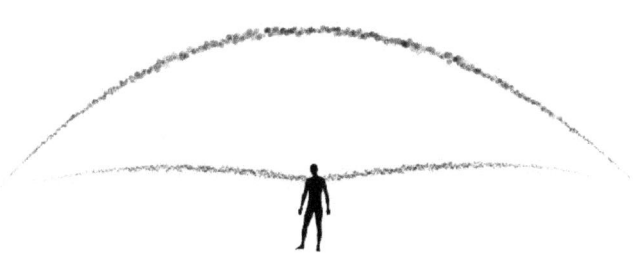

Je les appelle: le "Grand Moi" et le "Petit Moi". Vous êtes énorme! Seul un petit morceau de qui vous êtes vraiment vient dans cette manifestation physique que vous appelez votre corps pour avoir cette expérience de vie. Le reste de vous est situé en dehors de vous-même.

Voici un membre de votre famille. Voici leur "Petit moi" ensemble

Et leur "Grand Moi":

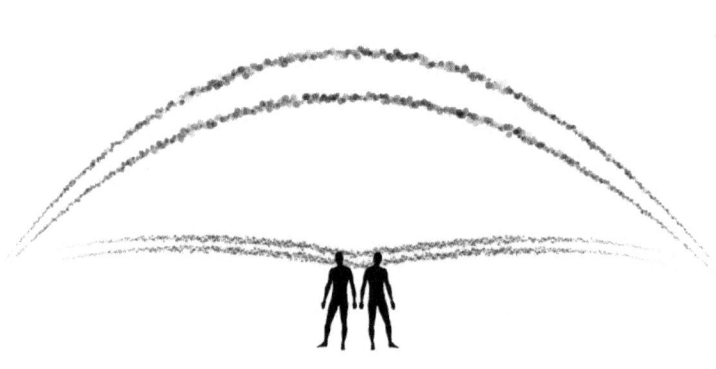

Voici une autre personne

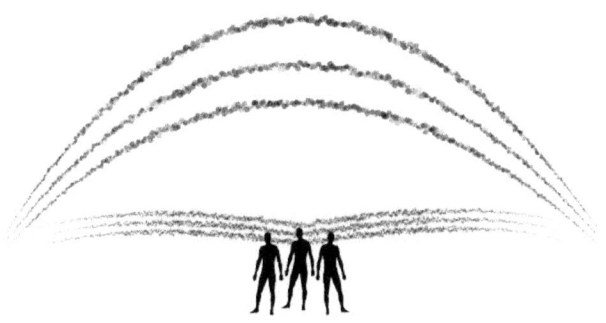

Que voyez-vous? Que se passe-t-il ici?

Les "grands Moi" se chevauchent. Ce pourraient-ils peut-être qu'ils soient aussi "connectés!" Où avez-vous entendu parler de cela auparavant? Voilà pourquoi et comment ceci est véridique.

Au sommet de cet espace se trouve la partie que je vois respirer maintenant. C'est pourquoi je la dessine comme une ligne ondulée. C'est "Dieu" ou "Source".

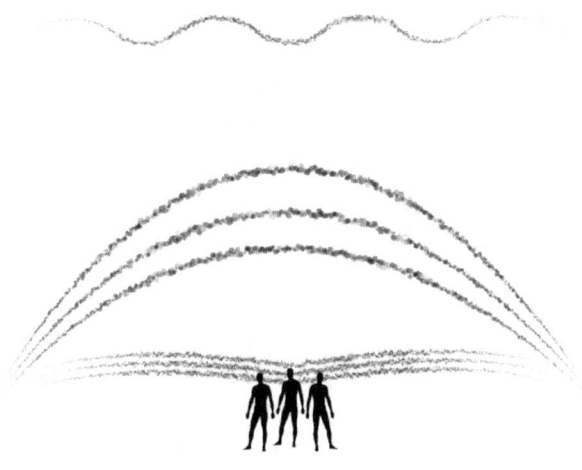

Ce "Grand Moi" se fond dans la "Source", donc, qu'est ce que cela peut bien vouloir dire?

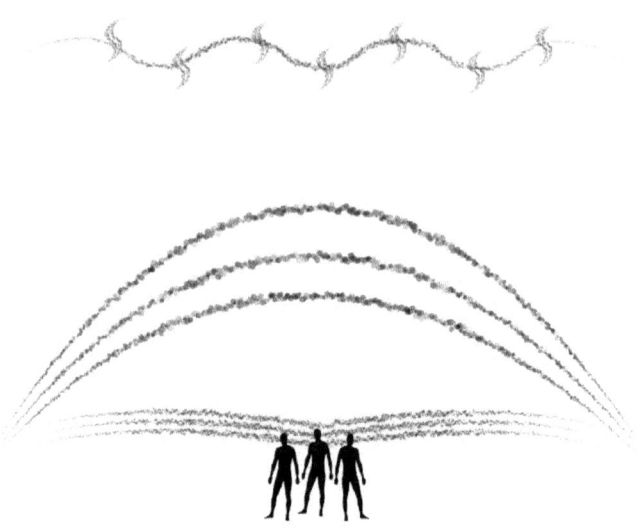

"Grand Moi" se fond avec "Source", ce qui indique qu'il s'agit de Dieu. Si "Grand Moi" est qui nous sommes vraiment, et qu'il se confond avec Dieu, alors nous sommes Dieu. Ceci une réelle déclaration, et ceci est le pourquoi et le comment de cet état.

Y a-t-il des limites à Dieu? Dieu est-il limité de quelque manière que ce soit? J'espère que vous avez répondu "non", car nous savons que cette partie est illimitée et qu'elle peut tout faire. Si nous sommes Dieu et que Dieu est illimité et peut tout faire, devinez quoi - nous sommes illimités! Nous sommes des êtres grands et puissants - nous venons simplement de l'oublier. Il y a plus à ce dessin que je partage quand je donne une conférence, mais l'information donnée ici suffira aux raisons pour ce livre.

Nous sommes venus ici pour avoir de merveilleuses compétences produisant ces expériences. Nous sommes venus avec les oeillères du voile de l'oubli afin que nous puissions avoir ce défi supplémentaire de ne pas savoir pourquoi nous sommes ici et ce que nous y faisons. Dolores "leur" a demandé pourquoi nous ne pouvions pas connaître nos liens avec d'autres personnes et nos plans tout en étant ici dans ces vies. Leur réponse a été, "Ce ne serait pas un test si vous connaissiez les réponses."

Chapitre 4

Manuel de traduction

Comme je l'ai déjà mentionné dans le chapitre précédent, nous sommes beaucoup plus grands que nous ne puissions jamais nous l'imaginer, mais nous avons oublié qui et ce que nous sommes. Nous sommes arrivés avec un projet concernant ce que nous voulions accomplir et expérimenter, qui nous voulions rencontrer et être en relation avec pour diverses raisons. Parce que nous avons oublié tout cela, nous essayons de nous donner des messages pour nous guider dans la direction où nous souhaitons continuer. Cela peut parfois nous donner l'impression d'être dans un champ de mines pendant que nous faisons une promenade dans nos vies et que nous sommes agressés avec toutes sortes d'expériences de vie par de tous les côtés. J'espère que nous allons embrasser toutes ces expériences et grandir grâce à elles.

Vous pouvez considérer cela comme un système de guidage ou un système "à tête chercheuse" qui vous donne constamment des signaux ou des "tintements" pour que vous sachiez quelle direction suivre. Je pense qu'il sera très utile de vous retirer et de scruter vous-même, votre situation ou votre vie d'une manière totalement objective lorsque je décris ce système de guidage. Il est en fait très important et beaucoup plus facile d'obtenir les messages livrés si vous voulez vous retirer hors des circonstances pour être en mesure de conserver cette vue objective.

Nous sommes entrés dans ces vies sachant que nous ne nous souviendrions pas de qui nous sommes, et de ce que nous faisions ici, mais, nous sommes toujours connectés à notre vrai moi, comme je l'ai illustré dans le chapitre précédent.

Puisque notre objectif sur ce "plateau de jeu" sur Terre est de parvenir à faire ce que nous sommes venus faire ici et de nous souvenir de qui nous sommes, nous avons établi un moyen de nous faire livrer ces messages. En fait, nous pouvons simplement parler de cette partie "Grand Moi", mais c'est difficile à croire, et la plupart d'entre nous nie posséder de telles capacités. Si nous ne croyons pas que nous avons une capacité, alors elle n'existe pas dans notre réalité. Ainsi, si nous ne savons pas que nous pouvons parler, et recevoir des réponses d'une autre partie de nous-même qui "sait tout", alors comment allons-nous faire passer nos messages à nous-même?

Que feriez-vous si vous essayez de parler à quelqu'un et qu'il ne peut tout simplement pas vous entendre? D'abord, vous pourriez essayer de parler de plus en plus fort. Deuxièmement, vous pourriez essayer des signaux manuels ou tout autre type de langage gestuel. Ensuite, vous pourriez essayer d'écrire des messages. Pensez à cela de la même manière. Vous avez différentes options pour vous envoyer des messages. Parler est toujours la première. C'est la façon la plus simple et la plus directe de livrer un message tant que le message est compris. Si nous n'écoutons pas encore, la meilleure façon de donner un message est le mécanisme que nous utilisons chaque seconde de chaque minute de notre journée - notre corps. Le corps est un messager merveilleux!

Le corps vous parle tout le temps, aussi vous pouvez lui parler en retour. Il adore que vous lui parliez. Dans votre corps se trouve un univers entier - votre univers composé de tous les organes, tissus et cellules. Quand vous lui parlez, vous êtes la voix de Dieu. Il sait maintenant qu'il est identifié pour tout ce qu'il fait et travaillera en harmonie avec vous. L'une des élèves de Dolores a trouvé cela très vrai quand elle a essayé une expérience suivant ce concept. Elle a posté ceci sur le forum de QHHT et est un exemple merveilleux de la façon dont nous pouvons communiquer avec nos corps.

"Chaque hiver, j'ai l'air d'attraper une mauvaise grippe ou un rhume. Mes symptômes sont des frissons, des pieds froids, une légère fièvre et une congestion nasale avec beaucoup de mucosités dégoutantes qui dure au moins trois semaines. Ce week-end, nous sommes revenus de l'Oregon et j'ai fortement ressenti ces même symptomes. Le jour suivant, j'ai décidé de voir si je pouvais empêcher la grippe de prendre possession de mon corps.

J'ai dit: 'Attention, bactéries et virus dans mon corps, c'est Dieu qui vous parle, et je veux vous faire savoir à quel point vous êtes aimés et combien je suis reconnaissante de votre présence pour m'apprendre à me guérir. Vous avez fait votre travail, et je vais maintenant vous libérer avec beaucoup d'amour, remerciements et gratitude. Vous pouvez maintenant voyager vers la lumière pour continuer votre voyage avec beaucoup d'amour et beaucoup de remerciements. "Je les ai ensuite imaginés / vus comme de minuscules taches de couleur voyageant hors de mon corps et se dirigeant vers et ensuite sortant par une porte dorée / blanche. Je l'ai répété deux fois, puis plusieurs fois tout au long de la journée et pour les deux jours suivants. CELA A VRAIMENT MARCHÉ!!! Et hormis les pieds froids, je me sens merveilleusement bien et n'ai pas développé d'autres symptomes! "

Je suis sûr qu'il y a plus à cela que nous nous en rendons même compte en ce moment. On m'a dit à plusieurs reprises que nous ne faisons qu'en gratter la surface. Je suppose qu'une fois que nous comprendrons plus, nous recevrons un concept sur nous-mêmes encore plus grand à attaquer. Nous devons avancer à petits pas et commencer par le début et partir de là. Ce n'est pas une compétition pour voir qui le fera le plus vite - nous sommes ici pour voir qui parviendra à le faire. Nous arrivons avec un plan ou une mission à accomplir et certaines choses à expérimenter. Il aurait pu sembler que ce soit un simple accomplissement, mais quand vous ne vous rappelez pas pourquoi vous êtes ici et ce que vous aviez prévu de faire, il est si facile d'être distrait et de dévier de sa route. La première étape pour rendre ce voyage moins dramatique et plus diriger dans la bonne direction serait d'écouter vos propres conseils. Vous les avez mis en place pour vous aider face aux distractions ou aux pièges.

Imaginez que vous êtes dans un labyrinthe avec de très hauts murs impossibles à voir. Vous pouvez vous promener dans le labyrinthe en vous cognant contre les murs et en entrant dans des "impasses" à chaque recoin. Vous pouvez explorer tous les coins et recoins à la recherche de la sortie et vous finirez probablement par la trouver. Si vous analysez toutes les manières que vous avez déjà essayées et en suivant un processus d'élimination, vous trouvez la manière qui fonctionne, c'est fantastique! Malheureusement, la plupart d'entre nous ne regarde pas nos situations de cette façon, donc nous n'analysons pas nos options pour voir par quel côté nous allons nous en sortir. La plupart d'entre nous sont pris dans les émotions et le drame des situations et sont incapables de voir de l'autre côté de l'angle suivant et deviennent totalement consommés par le labyrinthe. Nous "oublions" même qu'il s'agit du même labyrinthe. Maintenant, je ne dis pas qu'il y ait quelque chose de mal à passer ce temps nécessaire pour traverser le labyrinthe. Tout est question d'expériences et si c'est l'expérience que vous souhaitez avoir, alors qu'il en soit ainsi! Je veux juste que vous sachiez qu'il y a une autre option à votre disposition.

Supposons que vous ayez maintenant quelqu'un à l'extérieur de ce labyrinthe capable d'en voir l'image dans sa totalité avec toutes ses impasses et ses obstacles, et que cette personne est capable de vous donner des messages pour vous guider le long du chemin pour vous assurer que vous passerez. Ne serait-ce pas une chose merveilleuse? Ce serait comme une arme secrète! Votre propre système de guidage privé pour vous faire passer! La seule exigence serait que vous devriez recevoir les messages par cette autre personne. Si vous choisissez de ne pas les entendre, ils devront trouver d'autres moyens d'essayer de vous les faire parvenir. Ils ne sont aucunement limités dans la façon par laquelle ils peuvent le faire. Vous n'êtes pas non plus limité par la manière de "demander" de l'aide. Cependant, la manière que vous choisissez de passer dans votre labyrinthe est entièrement de votre choix. Il n'y a pas de bonne ou de mauvaise façon de le faire. Tout est une question d'expérience. Certains peuvent choisir d'écouter les conseils donnés et d'accomplir tout ce qu'ils entreprennent de faire dans cette vie. Certains peuvent choisir de ne pas écouter et d'errer sans but dans toutes sortes de murs et de "culs-de-sac". Certains peuvent choisir d'aller dans une direction différente de ce qui a été donné, pensant qu'ils savent mieux. Tout cela donnera des expériences différentes, donc tout va bien. Je suis ici pour vous dire que vous pouvez maintenant choisir consciemment de quelle manière vous voulez que cela soit. Vous n'avez plus l'excuse de dire que vous ne savez pas. Vous savez maintenant (que vous le croyiez ou non) que vous avez quelqu'un à l'extérieur qui vous aide. C'est votre choix d'écouter et d'en respecter les directives.

Je réalise que les messages peuvent être déroutants. Nous n'avons pas reçu de manuel de traduction lorsque nous avons choisi le type de language à utiliser. Nous le comprenons à un autre niveau, mais jusqu'à ce qu'on nous dise comment interpréter les messages, nous avons tendance à nous déplacer à tâtons dans le noir. La langue des signes utilisée est en partie au travers de nos corps. Comme je l'ai dit auparavant, nous sommes avec ce mécanisme chaque minute de chaque journée, donc c'est le meilleur dispositif pour nous envoyer des messages jusqu'à ce que nous les entendions directement. La plupart de ces messages sont si constants qu'il devient facile de les appeler une langue. Une fois que vous comprenez comment cela fonctionne, vous verrez la beauté et la simplicité de celle-ci. Vous ne serez plus en train d'errer sans but dans votre vie en vous demandant quel chemin serait le meilleur pour vous. Vous recevrez toujours les messages, mais jusqu'à présent, vous n'aviez pas ce qu'il fallait pour les traduire. Donc, jusqu'à ce que vous découvriez le vôtre, considérez ce livre comme votre manuel de traduction pour vous aider à naviguer dans ce labyrinthe appelé la vie.

Chapitre 5

Les émotions

Les émotions sont les indicateurs où nous en sommes par rapport à notre évolution regardant les différentes facettes de nous-mêmes. Si vous avez une forte réaction envers quelque chose, vous pouvez être assuré que c'est un problème que vous devez examiner de plus près en vous-meme. Le monde autour de nous agit comme un miroir pour nous montrer ce sur quoi nous devons travailler pour notre croissance personnelle / spirituelle. Les forces et les faiblesses que nous remarquons chez ceux qui nous entourent sont probablement les caractéristiques mêmes que nous avons nous-mêmes, mais que nous n'avons pas encore reconnues. Ce mécanisme de miroir est notre façon d'essayer d'attirer notre attention sur nous-mêmes. Donc, quand vous avez une réaction sur quelque chose que quelqu'un a dit ou fait, demandez-vous: "Qu'est-ce que vous essayez de me montrer?" "Que voulez-vous que je sache?"

Regardez de plus près pour voir la gemme cachée à l'intérieur de cette réaction. Il est facile d'avoir peur de nos émotions parce que souvent il y a une grande charge d'énergie derrière elles. Elles ont tendance à indiquer et à nous faire ressentir une force irrépressible et incontrôlable en nous. Les émotions qui nous enseignent le plus sont: la peur, la colère, la haine, la jalousie, le dégoût, l'impatience, la honte, l'orgueil, la pitié, l'indignation, l'envie, l'inquiétude, la culpabilité. Ces émotions sont souvent qualifiées d'émotions négatives, mais je pense que cela leur donne un aspect moins constructif, donc je les appellerai des émotions d'enseignement. Elles nous apprennent beaucoup sur nous-mêmes si nous voulons seulement les observer. Quand je regarde la liste d'émotions ci-dessus, je sens que toutes ont à leur base l'émotion de la peur. Donc, il est probablement sûr de dire que la peur est à la base de toutes les émotions d'enseignement. Il a été dit que la peur est l'émotion la plus forte pour un être humain. Elle peut être paralysante et destructrice parce que nous avons tellement peur de la regarder en face. Cela mérite d'être répété; nous avons peur de regarder la peur. Ironique, n'est-ce pas?

La peur est le manque de confiance: en soi, en ceux autour de nous, et envers le monde entier. Alors peut-être que la leçon que nous essayons de nous enseigner est de faire confiance. Faites confiance à l'univers, mais finalement, se faire soi-même confiance à soi-même. Nous avons les meilleurs indicateurs pour nos messages et notre croissance dans notre cœur. C'est juste une question d'écoute et d'une écoute sans avoir peur de ressentir l'émotion afin de voir le message qui est délivré derrière elle.

On m'a dit qu'il est très important pour nous de reconnaître cette peur. Elle a beaucoup de déguisements et n'est pas toujours évidente à discerner au premier abord. Elle est utilisée de nombreuses façons sur ce plan. C'est le seul endroit où la peur habite. "Ils" ont dit: "La peur n'est pas réelle. La peur est une illusion. La peur est à des fins de divertissement seulement. La seule chose qui est réelle est l'AMOUR.

Il a été dit à plusieurs reprises à Dolores Cannon au cours de sessions que les émotions sont la raison principale pour laquelle nous nous incarnons dans ces corps physiques. Quand nous sommes en forme d'esprit entre les vies, nous avons accès et sommes en pleine conscience de tous les merveilleux niveaux disponibles de matériel d'enseignement sur les plans de l'esprit et d'autres dimensions. Elle a demandé pourquoi nous nous incarnons si nous sommes en mesure d'apprendre toutes les informations de ce côté là. Il lui a été répondu que l'apprentissage est comme la théorie contre la pratique ou "la main à la pâte". Vous êtes capable d'apprendre beaucoup plus rapidement lorsque vous appliquez vos émotions. Les leçons sont ensuite ancrées dans votre être plutôt que dans votre mémoire. Ces émotions ne sont disponibles que sur tout ce plan. Nous ne pouvons pas obtenir ce genre de formation intensive ailleurs.

Comme je l'ai dit au début de ce chapître, les émotions sont des indicateurs pour savoir où nous en sommes concernant diverses problèmatiques dans notre propre croissance. Nous pouvons être très reconnaissants de ces émotions, car elles sont notre système d'orientation au travers de nos vies ainsi que pour notre croissance. Ce système de guidage émotionnel réside dans notre plexus solaire et nous permet de ressentir l'impact de nos choix. Nous CHOISISSONS notre façon de réagir aux choses. Jusqu'à présent, nous réagissions inconsciemment à tout ce qui nous arrivait. À mesure que nous devenons des êtres plus conscients, nous sommes avisés de nos choix, de leur impact et de nos réactions envers eux. C'est un endroit beaucoup plus équilibré, car nous pouvons être plus objectifs.

Je vous en prie, comprenez qu'il n'y a pas d'émotion juste ou fausse, tout comme il n'y a pas de bonne ou de mauvaise façon de gérer une émotion. Je pense que c'est là que bon nombre d'entre nous, nous nous amoindrissions et nous culpabilisons de nous trouver dans de telles situations où nous ne préférerions ne pas être. Nous pensons que nous devrions agir ou sentir d'une certaine manière, et quand nous ne le faisons pas, nous avons besoin en quelque sorte de nous trouver "réparés". Quelque chose cloche en nous. Les émotions sont ce qui nous différencie de tous les autres êtres dans le cosmos. Nous avons choisi d'être ici maintenant pour avoir ces expériences pour notre propre croissance accélérée. Quand nous avons pris ce plateau de jeu ou l'assignement-Terre, nous sommes venus pour étudier les émotions et leurs limitations. Les émotions sont le moyen principal pour nous grâce auquel nous pouvons savoir comment nous progressons.

Tout d'abord, je veux vous dire que c'est bien de ressentir l'émotion que vous ressentez. Sinon, comment allez-vous savoir ce que vous essayez de vous prouver si vous ne vous autorisez pas cette expérience? Je pense qu'on nous a appris qu'il y a quelque chose qui ne va pas si nous ressentons quelque chose, aussi nous nous devons de ne pas ressentir la plupart des émotions. Nous serions alors un monde de robots traversant la vie sans avoir aucune vie. L'autre extrême est un monde de personnes qui se jouent des émotions de chacun et qui ne cessent d'escalader et de développer l'énergie de ces même émotions. Cela crée un monde dramatique qui s'auto-perpétue constamment. Les deux extrêmes ne vont pas aider. Je pense qu'il est important de voir les émotions pour les merveilleux outils qu'elles sont et de travailler avec elles.

L'étape suivante consiste à reconnaître l'émotion. C'est ce qui rend, avoir des émotions, différent de se faire avoir par les émotions. Je pense que parce que nous avons peur de ce qui pourrait être, inconsciemment, derrière l'émotion, soit parce que nous ne la reconnaissons pas, soit que nous la repoussons et la dissimulons en espérant qu'elle s'en ira. Nous avons oublié que c'est l'un de nos principaux moyens de communiquer et de nous auto-guider. En suivant l'une ou l'autre de ces actions, nous créons un environnement pour que l'émotion cherche à s'exprimer d'autres façons. Très souvent ce n'est pas un joli spectacle. C'est l'une des choses qui nous effraie en ce qui les concerne. C'est ce qui les rend incontrôlables et aussi inarrêtables.

Comme toute autre chose qui essaie d'être votre enseignement, vous devez les regarder pour voir quel en est leur message. On m'a demandé à plusieurs reprises comment pouvons-nous regarder la peur. Il était facile pour moi de répondre: "Regardez-la." Mais lorsqu'on m'a demandé directement comment faisions-nous cela, une chose très intéressante s'est produite. J'ai vu un petit être apparaître devant moi d'environ trois pieds et demi de haut et cela représentait l'émotion de la peur. Il avait maintenant une forme et des yeux et tout pour que je puisse le voir et ne pas avoir peur de lui et ainsi être capable de lui poser des questions. Je pouvais maintenant le regarder dans les yeux et lui demander ce qu'il essayait de me montrer. "Qu'est-ce que tu veux m'apprendre?" "Qu'est-ce que tu veux que je sache?" L'une des choses que j'ai trouvées intéressante est qu'elle était plus petite que moi, ce qui m'a permis de voir qu'elle n'était pas une chose si grande, moche, et effrayante que je pensais qu'elle aurait pu être de prime abord. Une fois que j'ai pu vraiment la voir et en parler, elle s'est dissipée en une bouffée d'air. Je suppose que c'est ce qu'ils veulent dire par "regarder la peur en face". Ses yeux ont peut-être été effrayants au début, mais quand je les ai bien regardés, ils semblaient simplement tristes. C'est notre désir de ne pas vouloir la regarder qui en fait le monstre grand, mauvais, et laid. Une fois dissipée, je pouvais voir ce qu'il y avait derrière elle et ce que j'essayais d'apprendre. Cela vient maintenant d'un endroit plus objectif, donc je peux travailler de manière constructive avec ces émotions supprimées de la peur.

Chapitre 6

Le cancer

La simple mention du mot cancer frappe de terreur la majorité des gens. La plupart des personnes ressentent, alors qu'ils reçoivent ce diagnostic, qu'ils viennent de recevoir une condamnation à mort. Ils doivent faire tout ce qu'ils peuvent pour combattre cette maladie. Parce que ce diagnostic vient généralement d'un tel lieu de peur, que le destinataire est prêt à s'armer de toutes les munitions disponibles pour se débarrasser de cet horrible attaquant. Il est considéré comme cet envahisseur vil et dégoûtant qui doit être tué à tout prix. Plusieurs fois ce coût en est le corps même qu'il a envahi.

Je me souviens avoir entendu une déclaration de Mère Teresa qui disait essentiellement qu'elle ne soutiendrait jamais un projet qui combattrait quelque chose comme "combattre la pauvreté" ou "combattre la faim" parce que chaque fois que vous combattez quelque chose, vous lui donnez de l'énergie en vous concentrant dessus. C'est un dicton standard dans le monde de la création: "Concentrez-vous sur ce que vous voulez, pas sur ce que vous ne voulez pas." Si vous allez dans quelque chose en pensant que vous devez le combattre ou le tuer, vous créerez plus de la chose que vous essayez de surmonter. Vos pensées sont des choses et elles créent, il serait donc plus productif et bénéfique de penser à ce que vous voulez comme "abondance" ou "relations saines", ou "un corps en complet équilibre et en harmonie totale".

Le cancer nous parle d'une situation qui dure depuis très longtemps. Le cancer est l'un des messages de "dernier recours".

Lorsque toutes les autres tentatives ont échoué pour vous livrer ce message, des mesures plus draconiennes doivent être prises pour attirer votre attention sur la situation. Vous avez probablement connu beaucoup de personnes qui ont complètement changé le cours de leur vie après avoir reçu un diagnostic de maladie terminale. C'était probablement une grande partie du message - pour arrêter et reconsidérer tout ce que vous faites et tout ce que vous êtes. Cela force les gens à se regarder à l'intérieur, peut-être pour la première fois de leur vie. N'avons-nous pas entendu d'innombrables fois que c'est là que se trouvent toutes les réponses? Puisque nous sommes difficiles, parfois c'est le seul moyen de nous faire nous arrêter assez longtemps pour y regarder. Comme je l'ai dit plusieurs fois maintenant, vous n'êtes pas la victime ici. Ce n'est pas quelque chose qui vous est faite contre votre volonté. C'est quelque chose que vous avez mis en place pour attirer votre attention au cas où vous êtes sorti du sentier, et vous avez besoin d'une aide quelconque pour reprendre le bon cap. Donc, la première chose à faire ici est de regarder le cancer comme un message que vous vous êtes envoyé à vous-même et non pas comme cet agresseur qui est venu réclamer votre vie. Vous êtes enfin assez conscient de le voir pour qui il est vraiment - un message d'amour que vous avez vraiment besoin d'entendre.

Nous avons découvert, grâce au travail de Dolores, que le cancer n'est que de la colère non résolue et profondément réprimée. Une colère contre quelque chose qui a été maintenue pendant si longtemps, qu'elle s'est retournée contre elle-même sans aucune forme de libération et est maintenant devenu une maladie qui doit être traitée. La partie du corps dans laquelle le cancer est localisé vous dira ce sur lequel la personne est en colère. Par exemple: le cancer du sein peut être la colère de ne pas être nourrie ou de ne pas pouvoir ou être autorisé à nourrir; le cancer du poumon peut être de la colère contre la vie ou une incapacité de vivre leur vie; cancer de l'intestin peut être la colère contre des situations et ne pas être en mesure de ventiler ou d'en parler. Dans l'une des séances de Dolores, un homme s'est présenté avec un cancer qui s'était déplacé dans tout son corps. Quand il l'avait fait enlever d'un endroit, le cancer est revenu dans un autre. Quand Dolores lui a demandé s'il était en colère contre quoi que ce soit, il a crié: "Oui! Je déteste ma femme! Elle a les enfants et elle ne me laisse pas les voir."

Dans ces types de cas, le cancer va simplement se déplacer d'un endroit à l'autre jusqu'à ce que vous arriviez à la source de la colère. Simplement enlever le cancer et avoir les traitements post-chirurgicaux ne remédiront pas à la situation si vous ne faites pas face à la colère qui se trouve à la base de tout cela.

La première chose est d'identifier et de comprendre la raison pour laquelle vous êtes en colère. Ensuite, vous devez la laisser partir. Alors que faire si vous avez eu une enfance horrible / parent / conjoint, etc Laissez tout tomber! Vous avez créé cette situation pour expérimenter et apprendre certaines choses. Regardez-la maintenant avec toutes les émotions retirées et voyez ce qu'elle avait à vous enseigner. Il peut aussi s'agir d'une sorte de dette karmique qui était à rembourser. Quelle qu'en soit la raison, il est maintenant temps de la laisser partir. Une fois qu'une leçon est apprise ou que l'expérience est expérimentée, elle doit être abandonnée au fur et à mesure que nous transitons vers la prochaine leçon ou expérience. Elles ne sont pas destinées à être transportées comme des excédents de bagages qui nous pèsent et rendent difficile à se déplacer.

Maintenant que vous avez identifié la source de la colère, la meilleure façon de libérer l'emprise qu'elle a sur vous est de pardonner. Pardonnez à tous ceux qui y sont impliqués et laissez-les partir. Je sais que c'est beaucoup plus facile à dire qu'à faire, mais c'est absolument essentiel pour le processus de guérison. Dans l'exemple ci-dessus, quand Dolores a dit à cet homme qu'il devait pardonner à son ex-femme afin de se débarrasser du cancer, il a dit: "Je ne peux pas lui pardonner; vous ne savez pas ce qu'elle a fait! Si je lui pardonne, elle a gagné." Dolores répondit: "Elle va gagner si elle vous tue."

À un moment donné, vous devez faire face au fait qu'il ne s'agit pas de gagner ou de perdre. Il s'agit d'apprendre et de vivre et de laisser la caravane passer puis d'enchaîner sur autre chose. Nous sommes tellement attachés à ce monde 3D et à tout son drame émotionnel.

Quand nous sommes entrés dans cette vie, nous avons passé des contrats avec tous les personnages avec lesquels nous allions être impliqués afin que nous puissions avoir différentes expériences et leçons. Certains de ces contrats sont pour des situations karmiques, ce qui signifie: vous travaillez sur une dette qui doit être remboursée pour l'amener à un endroit d'équilibre. D'autres contrats sont pour diverses choses telles que de faire passer certaines âmes en tant que vos enfants; ou pour travailler sur un projet spécial; ou pour quelque chose d'aussi simple que d'être au bon endroit au bon moment pour aider quelqu'un ou pour lui donner des mots d'encouragement.

Certains contrats sont à long terme comme avec nos parents / enfants / conjoint. Et certains sont à court terme comme avec un "rapport d'une nuit" qui produit un enfant ou une amitié. Plusieurs fois le contrat avec une personne a été complété et nous restons dans la situation en pensant que c'est notre obligation. Il y a eu beaucoup de séances de QHHT dans lesquelles le CS avait déclaré, que le contrat avait été rempli depuis longtemps, et c'était la raison pour laquelle la relation était devenue maintenant malsaine. Il était grand temps que les personnes se séparent et passent aux phases suivantes de leur voyage. Dans beaucoup d'autres sessions, il a été constaté qu'il y avait une tendance à essayer, et à essayer de nouveau, au travers de différentes vies pour équilibrer les relations et que ça ne fonctionnait toujours pas non plus. Les parties concernées ont continué d'adopter un comportement qui ne corrigeait ni ne résolvait aucun des problèmes sur lesquels elles travaillaient.

Si vous vous sentez à ce tournant-là avec quelqu'un, il existe une méthode simple pour vous libérer du contrat. Dolores a exprimé cela dans beaucoup de ses conférences et cela a toujours eu des effets profonds. Sur le plan mental, vous pouvez imaginer que vous êtes avec cette personne et vous pouvez vous voir en train de tenir le contrat. Il est trop difficile de faire face à la personne et parfois la personne est décédée et n'est pas là pour que vous puissiez leur parler. Vous pouvez dire à cette personne: "Nous avons essayé, nous avons vraiment essayé." Voyez-vous déchirer le contrat et dire: "Je vous pardonne. Je vous libère. Je vous laisse partir. " En laissant tomber le contrat déchiré, vous pouvez dire:" Partez dans amour, et je m'en vais également. Nous n'avons plus besoin d'avoir de rapports." Vous ressentirez un grand soulagement lorsque le fardeau sera retiré de votre cœur. Vous devez le dire quand vous dites cela pour qu'il soit efficace. Vous trouverez un grand sens de la liberté car il sera plus difficile pour cette personne de vous irriter à un tel point.

En ce qui concerne le cancer, vous devez libérer les situations / personnes avec lesquelles vous êtes en colère. Le processus est très simple, mais pas nécessairement facile. Comme dans le dernier paragraphe, vous devez être à un lieu où vous êtes prêt à libérer toutes les pièces et toutes les parties de cette équation. Vous devez dire ce que vous dites pour que cela ait un effet. Afin de libérer, vous devez pardonner à tous ceux qui sont impliqués. Je voudrais emprunter un merveilleux rituel d'un ami cher et d'une chaîne de transmission très doué, Blair Styra de Nouvelle-Zélande. Sa formule consiste à faire la déclaration suivante chaque matin lorsque vous commencez votre journée.

"Je pardonne à tous ceux qui m'ont blessé dans cette vie, dans n'importe quelle vie, de quelque façon que ce soit.
Je demande pardon à tous ceux que j'ai blessés dans cette vie, dans n'importe quelle vie, de quelque façon que ce soit.
Je me pardonne pour le rôle que j'ai joué et mes transgressions dans cette vie, dans n'importe quelle vie, de quelque façon que ce soit."

C'est une façon fantastique de prendre soin de tous vos problèmes pour toute votre vie! La dernière déclaration est probablement la plus importante - celle de vous pardonner. Cela peut parfois être l'étape la plus difficile. Rappelez-vous, vous avez créé cette situation pour expérimenter et apprendre. Rendez-vous dans un endroit objectif avec toute émotion retirée et voyez ce que vous vouliez vvous apprendre à vous-même ou ce que vous vouliez expérimenter. À ce stade, vous pouvez le considérer comme une "mission accomplie" et tout laisser partir alors que vous passez à autre chose. Chaque expérience vous aide à grandir et à vous développer. La prochaine expérience pourrait être plus ou moins difficile, mais elle sera au moins différente.

Beaucoup ont dit que l'époque où ils avaient affaire au cancer avait été très purifiante. Parce qu'ils pensaient qu'ils étaient en train de mourir, ils ont commencé à se libérer de beaucoup de choses qui avaient été enfouies à l'intérieur d'eux-même. C'était généralement la première fois qu'ils regardaient vraiment à l'intérieur et analysaient leurs sentiments à propos de différentes situations. Ils ont eu une sorte de catharsis parce qu'ils sont entrés dans le centre et ont permis à toutes leurs émotions de se manifester. Une fois tout cela fait, la personne aura sans aucun doute une rémission. Pouvez-vous voir pourquoi? Ils se sont purgés de tous les déchets qu'ils contenaient et le corps n'a plus à faire face à cela. Tout le crédit est donné au médicament ou au radiations, mais la personne qui se regarde et ses sentiments sont la source réelle de la guérison.

Maintenant, je ne suis pas ici pour critiquer la communauté médicale (j'étais infirmière). La médecine a sa place pour nous aider à répondre aux besoins les plus urgents afin que nous puissions résoudre les problèmes voire les problèmes sous-jacents. Il est très important pour nous de reprendre notre pouvoir concernant notre propre guérison. Nous sommes les créateurs de nos maladies, nous sommes donc ceux qui créont notre santé! Tant que nous nous confions à tout le monde et à tout le reste pour "être réparés", nous resterons toujours des victimes. C'est probablement la signification de certains de ces messages qui nous sont livrés. "Reprends-le en main." "Tiens-toi sur tes deux jambes!" "C'est ton corps et ta vie - personne ne saurait mieux ce qui est le mieux que toi-même!" "Personne ne pourra mieux le réparer que toi-même." Nous devons savoir que NOUS avons le pouvoir de créer ce que NOUS voulons, et nous pouvons créer une santé totale et abondante.

Parfois, cela peut prendre la forme où on nous amène chez le meilleur praticien pour nous aider à nous aider nous-mêmes. Comme je l'ai dit au début de ce livre, le point "qu'ils" veulent que je transmette le plus, est que vous devez vous engager dans le processus. Je sens que cela signifie participer. La guérison n'est pas créée pour vous, elle est orchestrée avec vous. Il y a plusieurs façons de participer et j'en discuterai plus en détail au chapitre 21.

Il y a eu de nombreux cas de QHHT dans lesquels la personne est venue vers Dolores avec un cancer. Après avoir traversé ces étapes avec le client, le SC a ensuite amené la guérison, la lumière blanche à travers leur chakra de la couronne et a dissous la tumeur. Le résidu a été libéré pour être transmis sans danger dans le corps. Dans certains cas, le client a reçu l'ordre d'utiliser rapidement un jus de fruits ou de légumes pendant une période donnée. Cela devait aider le corps à retrouver son état naturel et sain.

Section:

Messages des parties du corps

Comme cela a été mentionné précédemment, l'âme (plus élevée que vous-même) vous livre des messages via ce merveilleux messager - votre corps. Parce que l'Univers est simple et pas du tout compliqué, vous trouverez cette partie de vous-même très littérale quand elle communique de cette manière. Chaques parties du corps signifient des choses très spécifiques. Certains auteurs l'ont pris au neuvième degré dans l'interprétation, mais je ne ressens pas le besoin de le faire. Rappelez-vous, "ils" m'ont dit que c'est le processus qui est le plus important pour vous d'apprendre. Si j'ai décomposé cela jusqu''à ce point, cela vous permettra de le voir comme un livre de ressources plutôt qu'un livre pour vous apprendre comment s'engager dans le processus. Un livre de ressources est mis sur l'étagère et l'on s'y réfère quand besoin est. C'est quelque chose en dehors de vous. "Ils" m'ont répété à maintes reprises qu'il est très important de s'engager dans le processus afin que vous alliez à l'intérieur et y apporter votre propre guérison. Vous faites cela en comprenant et en participant à la communication et en intériorisant les messages et en arrivant à la racine de la situation.

Je vais énumérer les parties du corps dans les différents systèmes dans le corps et donner les représentations et significations les plus générales et les plus communes pour ces parties. Il ne s'agit généralement pas d'un seul des systèmes du corps. Il ne s'agit généralement que d'une partie du corps spécifique au sein d'un système et si je devais seulement traiter le système, d'autres questions seraient négligées. Il y a certains systèmes qui peuvent livrer des messages dans leur ensemble et je vais les consulter lorsque nous en arriverons à ces parties. Dans chaque partie du corps, je vais donner quelques exemples d'affections qui leur sont communes. Vous serez alors en mesure de voir à quel point le système de messagerie est littéral et cela vous aidera à comprendre ainsi les messages de votre propre corps. Pour aider à creuser encore plus loin, je vais donner des exemples de situations dans la vie réelle ou des séances d'hypnose à partir des dossiers de Dolores pour vous en amener la compréhension globale. Parfois il y a des "exceptions à la règle" et le message ne suit pas la route attendue, donc je vais partager certaines d'entre elles également pour que vous puissiez voir comment le mécanisme fonctionne. Rappelez-vous, ce n'est pas un livre de ressources dans lequel je vous donne toutes les réponses. Ceci est un livre pour vous apprendre à comprendre comment votre moi supérieur (âme) vous parle à travers votre corps et vous guide ainsi dans la façon d'en assimiler les messages.

Il faut comprendre maintenant que le SC ou le soi supérieur communique au travers du corps grâce aux symptômes. Le diagnostic est juste une étiquette qu'un médecin a mise sur cet ensemble de symptômes. Cela n'a rien à voir avec le message qui est donné. Vous devez accéder aux messages sous-jacents.

À l'exception des organes, le côté droit ou gauche de votre corps est une autre indication complémentaire dans votre message. Si quelque chose se passe du côté droit de votre corps, cela indique quelque chose qui se passe maintenant. Ce qui signifie maintenant dans votre présent. Le côté gauche indique quelque chose venant de votre passé - dans cette vie ou dans une autre vie. Comme exemple facile, disons que votre jambe droite a des problèmes. Le message est probablement que quelque chose maintenant vous empêche de vous rendre vers votre nouvelle direction de vie. Si c'est la jambe gauche, ce sera quelque chose du passé (quelque chose que l'on vous a dit ou fait) qui vous empêche d'aller de l'avant.

Chapitre 7

Le système circulatoire

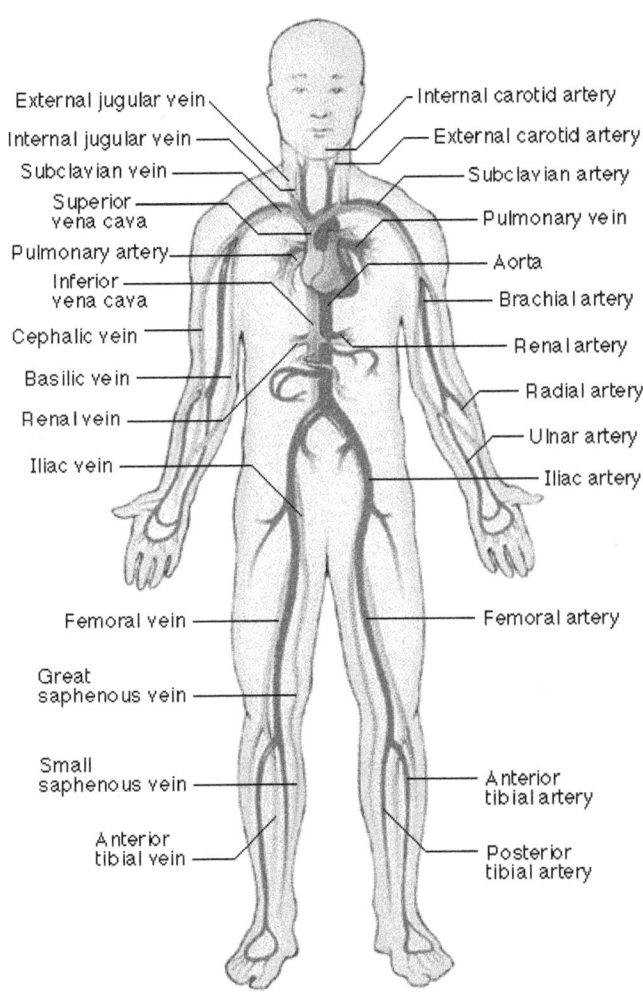

Names on the left hand side of the body on the page:
- veine jugulaire externe
- veine jugulaire interne
- veine sous-clavière
- veine cave supérieure
- artère plumonaire
- veine cave inférieure
- veine céphalique
- veine basilique
- veine rénale
- veine iliaque
- veine fémorale
- grande veine saphène
- petite veine saphène
- veine tibiale antérieure

Names on the right hand side of the body on the page:
- artère carotide interne
- artère carotide externe
- artère sous-clavière
- veine pulmonaire
- aorte
- artère bronchique
- artère rénale
- artère radiale
- artère ulnaire
- artère iliaque
- artère fémorale
- artère tibiale antérieure
- artère tibiale postéreure

Le but du système circulatoire est de pomper et de canaliser l'oxygène et les nutriments vers et depuis le corps et les poumons via le cœur, le sang et les vaisseaux sanguins.

Le cœur humain est un organe musculaire qui assure une circulation sanguine continue et est l'un des organes vitaux les plus importants du corps humain.

Le sang est un liquide corporel spécialisé chez les animaux qui délivre les substances nécessaires telles que les nutriments et l'oxygène aux cellules et transporte les déchets métaboliques loin de ces mêmes cellules.

Circulation = mouvement: Le flux de la vie. Mouvement dans la direction de la personne; dans son flux de vie. La vie d'un individu bouge dans la direction souhaitée. Tout désordre du sang indique un désordre quelconque de sa force vitale.

Tout blocage ou problème dans ce système indique des problèmes dans votre flux de vie ou dans votre direction choisie. La partie du corps où le blocage se trouve peut indiquer où le blocage est situé dans votre vie. Par exemple, si c'est dans les jambes (genoux, chevilles, pieds), vous ne bougez pas physiquement dans la direction désirée. Si c'est dans les bras, peut-être que vous avez besoin de libérer quelque chose afin de pouvoir vous déplacer dans la direction souhaitée. Dans le cou, peut-être vous avez besoin de regarder autour de vous pour découvrir la direction que vous cherchez; peut-être même derrière vous. Dans le cœur et les principales artères du cœur, vous bloquez l'amour que vous recherchez. Amour pour soi. Et en bloquant cet amour, vous bloquez le chemin de vos vrais désirs. Un blocage dans le cerveau peut indiquer un blocage de votre intuition. Peut-être que vous ne voulez pas suivre ce que vous "voyez" ou "entendez".

Les blocages dans ce système indiquent que la situation dure depuis un certain temps. Il y a probablement eu beaucoup d'autres messages qui ont été mal interprétés ou ignorés. Je dis cela parce que c'est un système de noyau central et le corps (lui-même) envoie des messages via la périphérie avant qu'il ne se rende au noyau. C'est ainsi que le corps fonctionne en général. Il protège toujours les organes centraux ou les organes dont le corps ne peut pas vivre sans. Il fera tout ce qu'il peut pour protéger le cœur, le cerveau, les reins, etc. Si quelque chose de nuisible arrive à l'un de ces organes centraux, le corps peut mourir. Le système de messagerie est le même; c'est en suivant le même modèle. Ce sont des systèmes de dernier recours. Les moyens de subsistance de la personne sont pris en compte maintenant, il devient donc très important pour vous d'obtenir le message.

Vous verrez probablement d'autres systèmes affectés parce que cela a été un problème permanent. Ces autres systèmes vous aideront à mieux comprendre la situation et ce que vous essayez de vous dire à vous-même.

Accumulation de liquide (rétention d'eau) - le fluide est une émotion - une accumulation d'émotions - ne les autorisant pas à sortir. Ne les laissant pas couler. En leur permettant de vous être pesant. Lorsque l'accumulation est dans les pieds et les chevilles, cela indique que vous ne bougez pas dans la direction désirée parce que vous vous accrochez à certaines émotions et que vous ne les laissez pas sortir. Ces émotions vous rendent inflexible dans votre évaluation de la situation et incapable de bouger à l'intérieur ou autour de celle-ci. Lorsque le liquide refoule sur le cœur, le message que vous n'exprimez pas vos émotions est encore plus fort. Toutes les questions du coeur indiquent un manque d'amour ou de joie de vivre.

L'anémie - un sentiment de faiblesse; ne pas reconnaître sa propre valeur.

La crise cardiaque - le coeur est le siège des émotions. Problèmes avec la vie amoureuse. Se sentir sous pression par des responsabilités; vouloir s'en échapper. Cela peut être considéré comme un moyen acceptable d'être libéré d'une situation malheureuse (un travail par exemple).

La leucémie - Lors d'une démonstration pour l'une des classes de QHHT, ce processus de la maladie a été expliqué comme un moyen acceptable de se suicider; un moyen pour le corps de cesser d'exister.

SIDA - honte et / ou grande culpabilité; déshonneur; jugement. Lors d'une séance de démonstration dans l'une des classes de la QHHT, il a été déclaré que toute la maladie du SIDA était prise en charge par des âmes avancées pour élever la conscience de la planète en enseignant aux gens le jugement. Vous pouvez trouver plus à ce sujet dans le livre de Dolores Cannon, "The convoluted Universe - Livre quatre." (Série en cours de traduction en langue française)

AVC - Les AVC se produisent causés par des caillots ou un manque d'oxygènation du cerveau. Il n'est pas important de regarder quoi, ou où cela s'est passé dans le cerveau, mais où et comment les symptômes se sont manifestés dans le corps pour obtenir les messages spécifiques.

Chapître 8

Le système digestif

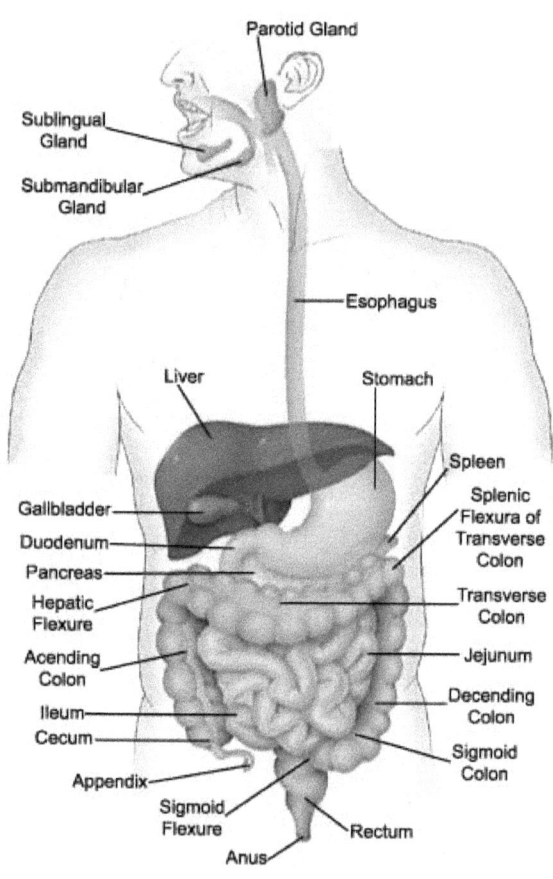

On the top, in the middle: Glande parotide
on the left hand side of the drawing from the top:
- glande subliguale
- glande submandibulaire
- foie
- vesicule biliaire
- duodénum
- pancreas
- flexure hépatique
- colon ascendant
- iléon
- appendix
- anse sygmoïde
- anus

on the right hand side of the drawing from the top:
- oesophage
- estomac
- rate
- flexion sphenique du colon transversal
- colon transversal
- jéjunum
- colon descendant
- colon sygmoïde
- rectum

Le système digestif dans son ensemble est utilisé pour décomposer la nourriture que nous mangeons en nutriments que le corps peut utiliser comme carburant, pour la réparation et l'entretien, pour la maintenance du corps en vie.

Dans cette section, il sera important de regarder les parties du corps plutôt que le système dans son ensemble. Les chakras y jouent un grand rôle dans l'interprétation ici, donc s'il vous plaît se référer à cette section si nécessaire.

Bouche / gorge:

Chaque fois que la gorge est affectée, c'est toujours le même message. Cela aura quelque chose à voir avec la bouche, les dents, les mâchoires et la gorge.

Si la région de la gorge dans ce système est affectée, il y a quelque chose d'important à être dit. Vous n'exprimez pas votre vérité. Vous devez vous exprimer par vous-même. C'est peut-être quelque chose pour lequel vous êtes très contrarié et à propos duquel vous avez peur de dire ce que vous pensez, mais c'est exactement ce que vous devriez faire. C'est exactement ce que votre corps vous dit de faire. Cessez de vous retenir! Certaines des raisons pour lesquelles les gens hésitent à dire ce qu'ils aimeraient dire sont: l'inquiétude d'être rejeté, critiqué, mal compris ou ridiculisé; ou ils sentent qu'ils ne sont pas assez importants pour dire quoi que ce soit. Ce sont des préoccupations très compréhensibles et des raisons de ne pas ouvrir la bouche, mais votre corps vous dit de l'ouvrir et d'exprimer votre vérité! Vous êtes important et vous avez quelque chose à dire!

Des Maux de gorge - Vous avez des mots de colère qui ont besoin d'être verbalisés, mais vous vous retenez et cela irrite la gorge.

Laryngite - Vous devez parler pour vous-même dans une situation. Il y a quelque chose que vous devez dire. Une autre signification peut être que vous sentez que vous n'avez aucun mot à dire.

L'Amygdalite - ("ite" à la fin d'un mot indique une inflammation) - donc si quelque chose est enflammé, il est en colère. Dans ce cas, votre gorge se ferme presque car elle devient si enflée, ce qui rend difficile à avaler. Qu'est-ce que vous ne voulez pas dire? Qu'est-ce que vous essayez si fort de retenir? Votre fierté?

Pardonnez-vous pour le rôle que vous avez joué dans la situation. Il est temps de mettre cela au repos - cela dure depuis assez longtemps. Dans l'ensemble, le sens est qu'il y a une retenue de ce que vous voulez dire et de ne pas parler pour vous-même.

Carie dentaire - Ceci indique littéralement quelque chose de pourri dans votre bouche. Parler des contrevérités ou vous n'êtes pas compatible avec ce qui est dit.

Problèmes de thyroïde - Je sens réellement la gorge se crisper pour se retenir dans ce qu'elle veut dire. C'est une situation qui dure depuis un certain temps.

Voyez comment tout cela indique un manque d'expression? Cela veut dire, ou que vous ne parlez pas pour vous-même, ou pour une situation, ou en ce qui concerne quelque chose. Quelque chose doit être dit et vous ne le dites pas. La gravité ou la "chronicité" de cellepuis-ci vous donnera une idée de combien de temps cela se passe. Par exemple, la laryngite a habituellement une durée plus courte que l'hypothyroïdie. Selon la médecine traditionnelle, une fois que vous avez été diagnostiqué avec hypo ou hyperthyroïdie, vous l'avez pour le reste de votre vie et doit être sous médication ou subir une intervention chirurgicale.

L'Estomac:

Le message le plus simple, lorsque la région abdominale est affectée, est que vous ne "digérez" pas quelque chose. Quelque chose est vraiment contre votre "humeur" et vous ne vous sentez pas capable de dire quoi que ce soit à ce sujet, alors vous gardez vos émotions et elles sont contenues dans votre "estomac". Comme c'est le domaine de la digestion - Cela peut aussi être considéré comme "digérant" vos pensées, vos mots ou vos actions avant de les mettre en mouvement. Tout comme la nourriture qui est maintenue dans l'estomac trop longtemps elle devient rance, de même sont ces choses qui auraient du être effectuées. Elles stagnent, et se nourrissent, et se nourrissent encore d'elles-mêmes, pour devenir quelque chose de très malsain pour votre vie.

Un bon exemple de l'estomac se nourrissant de lui-même est un ulcère. C'est d'où vient la question: "Qu'est-ce qui vous mange?" Elle est très judicieuse. Dans le cas d'un ulcère, c'est habituellement de la colère. S'il est permis de procéder sans libération des émotions, cela peut très bien devenir un cancer. Comme nous l'avons déjà dit, le cancer est causé par la colère réprimée. Si seulement la personne pouvait parler de tout ce qui la dérange, mais elle ne se sent pas capable de le faire.

Les problèmes de poids sont pandémiques dans ce pays ainsi que d'autres. Nous sommes très préoccupés de nos images corporelles. Comme je l'ai déjà dit, le corps reflète directement vos pensées ou attitudes et envoie des messages, alors quels sont les messages concernant le poids?

De nombreux messages ont été donnés sur l'excès de poids. L'obésité ou l'excès de poids est le plus souvent une protection en ce sens que nous nous cachons derrière le rembourrage supplémentaire pour nous protéger contre les blessures. Nous sommes tous blessés à différents moments et de différentes façons dans nos vies. Le moi dit: "C'était trop douloureux, cela ne se passera plus jamais." Donc, il entre en action pour empêcher que de telles choses ne se reproduisent. Si nous nous rendons peu attrayants, nous ne serons plus blessés parce que nous n'entrerons pas dans une relation ou une situation dans laquelle nous pourrons être de nouveau vulnérables. C'est une merveilleuse façon de nous cacher, ainsi nous ne sommes plus si vulnérables aux attaques ou aux attentions non désirées. C'est l'une des raisons les plus courantes pour laquelle nous recherchons le confort dans notre nourriture.

D'autres raisons pour un excès de poids peuvent être d'avoir été affamés ou avoir causé pour d'autres de mourir de faim dans une autre vie. Le corps maintiendra de nombreuses fois le résidu de la façon dont il meurt dans une autre vie. Si vous avez été affamé dans une autre vie, le corps se souvient de cela et veut empêcher que cela ne se reproduise, alors il s'assure que vous ne mourrez pas de faim maintenant. Parce que l'âme va de corps en corps, elle n'est pas consciente que c'est une vie différente et qu'elle n'est plus en danger de mourir de faim. Dans ce cas, vous allez vouloir parler à cette partie de vous pour lui faire savoir que c'était une vie différente et qu'il n'y a plus aucun danger de mourir de faim dans cette vie-ci. Ceci est très facilement fait avec une session QHHT, si vous avez la possibilité d'en obtenir une.

Dans une autre session par Dolores, une personne s'est retrouvée comme un ancient d'une tribu qui n'avait pas réussi à transmettre ses enseignements avant sa mort. Au moment de sa transition hors de cette vie, il a fait une déclaration selon laquelle, il ne parviendrait jamais à être débarrassé du poids des responsabilités de cette vie-là. Les mots sont très puissants.

J'ai trouvé que l'anorexie ou des problèmes d'insuffisances pondérales graves tenaient d'une tentative de vous transmettre le message que vous êtes en train de tenter de disparaître. Vous ne voulez pas prendre de place; vous ne vous sentez pas digne de prendre de la place. Vous essayez de disparaître. Ici encore, dans le premier cas, le VRAI Vous tente de vous cacher ou d'être protégé d'une manière ou d'une autre. Si vous disparaissez, personne ne peut vous voir pour vous blesser. Lorsque vous avez ces problèmes, vous êtes généralement très conscient des blessures dont vous essayez de vous protéger. Une séance de QHHT aiderait à éclaircir cela si cela vient d'une autre vie, mais vous serez également en mesure d'obtenir des réponses vous-même pendant que vous travaillez à travers un certain processus comme nous le verrons plus loin.

Le corps a de nombreux mécanismes en place pour se préserver à tout prix. Une des choses que le corps fera, sera de garder la graisse "à bord" pour absorber les toxines qui peuvent lui être préjudiciables. Si vous avez un niveau élevé de ces toxines dans votre corps, le corps ne vous permettra pas de perdre la graisse, car cela va causer pour ces toxines de se déverser dans le sang à un rythme trop élevé et qui pourrait effectivement vous tuer. Le corps vous maintient en vie en vous faisant grossir. Si vous voulez laisser partir ce poids, vous devriez travailler dans un sens permettant au corps de se débarrasser des toxines en premier. Dans ces cas, vous devrez chercher pourquoi vous avez choisi d'être toxique. Quel en est le message? Y a-t-il une situation toxique et une toxicité dans votre vie dont vous devez vous débarrasser? Il peut s'agir de produits chimiques présents dans l'environnement et dans les aliments, ou d'une relation. ou d'une situation qui est très malsaine pour vous. Seulement vous-même le savait. L'action est la même dans les deux cas - prenez soin de vous débarrassant des éléments toxiques de votre vie en prmier.

Le Foie:
Dans ce système, nous avons le foie qui filtre les toxines du corps pour garder le corps en bonne santé. Si vous avez des problèmes avec le foie, vous avez évidemment des toxines dans votre vie dont vous

devez vous débarrasser afin que vous puissiez être en bonne santé et productif. Quelque chose empoisonne votre vie et généralement vous savez exactement ce que c'est, ce n'est pas un secret. Cela peut être un empoisonnement littéral par des produits chimiques ou un empoisonnement figuratif par des situations de la vie. C'est quelque chose dont vous avez juste besoin de vous débarrasser. Votre corps le dit haut et fort!

Dans l'une des sessions de Dolores, le SC faisait un scan corporel. Dolores demandera parfois de faire un examen corporel quand il y a beaucoup de problèmes physiques et de voir si quelque chose devrait les inquiéter. Dans le processus, il va méthodiquement traverser le corps, généralement de la tête aux pieds, et faire des commentaires sur tous les problèmes qu'il trouve sur sa route. Dans cette session, l'examen du corps a montré quelque chose de mauvais avec le foie: "Le foie. Trop de conservateurs."

D: Dans la nourriture? (Oui) Mange-t-elle quelque chose qui ne va pas?
C: Cola. A réduire. Arrêtez si vous pouvez. Réduire les colas ... Plus d'eau. Aussi pas d'aliments préparés. Faites cuire tout à partir de zéro ... pas d'aliments préparés. Légumes frais ... Plus d'aliments frais. Cuisinez. Cuisinez. Le SC s'est alors mis à réparer le foie.

Dans une autre session, le subconscient a crié à haute voix pour que la personne cesse d'empoisonner le corps avec du Tylenol. Elle l'avait pris sous différentes formes pour la douleur chronique et son foie échouait à cause de "l'empoisonnement" graduel. Le SC, utilisant la lumière curative, réparait tout le système avec le foie. Il a ensuite donné des instructions de ne plus mettre ces poisons dans le système.

Le Pancréas:

Le pancréas régule la teneur en sucre dans le système car il aide à la digestion. Le système doit avoir un certain niveau de sucre (glucose) en lui pour remplir ses fonctions quotidiennes. Trop ou trop peu et le corps est en danger. Les problèmes dans cette région indiquent des problèmes de "douceur" dans votre vie. Cela ne veut pas dire que vous ne mangez pas assez de sucre. Cela indique simplement que vous n'êtes pas satisfait de votre vie. Vous ne sentez pas la "douceur" de la vie - peut-être que vous ne vous sentez pas aimés ou appréciés. Ou bien la "joie" dans votre vie est en manque. Vous n'avez pas d'enthousiasme dans ce que vous faites. Il peut aussi y avoir un manque d'amour. Ceci est traduit dans le processus de la maladie connue sous le nom de diabète.

Les Intestins petits et grands:

Les intestins transportent les déchets de votre corps après que les nutriments désirés en ont été extraits et absorbés par le système. Les problèmes dans cette partie du système indiqueront soit de ne pas relâcher les déchets (constipation ou blocages de l'intestin), soit d'essayer trop fort pour se débarrasser des dits déchets et / ou des toxines (diarrhée ou intestin irritable) et ne pas tenir du tout. Ces deux situations sont extrêmes et donc déséquilibrées. Encore une fois, ce sont probablement des pensées ou des sentiments que vous maintenez à l'intérieur de vous-même et que vous laissez "s'envenimer" et ne permettez pas de passer u travers de vous. Des sentiments et / ou des pensées doivent être exprimés pour éliminer les déchets de votre vie.

Tout autre problème d'élimination suivrait cette même ligne de pensée. La gravité indiquerait le temps écoulé depuis le début du problème. Quelque chose avec une inflammation comme la colite indiquerait la colère à la base de celle-ci. Le cancer passe à l'étape suivante pour supprimer la colère contre une personne ou une situation. Vous devez reconnaître la colère, trouver un moyen de l'exprimer autrement que sur vous-même et ensuite la laisser partir. Nous discuterons comment tout lâcher à la fin du livre dans le processus de réception des messages et de guérison.

On me rappelle aussi qu'il ne s'agit pas seulement d'exprimer les pensées ou les sentiments, mais aussi d'agir par rapport à eux. Combien de personnes connaissez-vous qui expriment constamment leurs pensées ou sentiments sur leurs problèmes, mais qui ne font rien pour les résoudre. Ils continuent à répéter la même chose encore et encore. J'utilise la phrase "Jouer le même enregistrement sur bande". Cela peut signifier que si vous êtes malheureux dans une situation, faites quelque chose pour la changer. Vous pouvez parler et pleurer à ce sujet avec tout le monde et qui voudra bien vous entendre, mais si vous ne faites pas quelque chose, c'est à dire, faire un mouvement dans une autre direction ou jouer un enregistrement différent, rien ne changera et cela pourrait très bien empirer, puisque vous ne faites rien pour changer cette situation. Plusieurs fois, le message a été d'aller dans une direction différente. Ce pourrait être de quitter cette situation malheureuse et d'avancer dans une direction qui vous apporte de la joie.

Parfois, cela peut créer des problèmes ou des perturbations dans votre vie pour faire ces changements, mais ce sera beaucoup mieux à long terme.

Chapitre 9

Le système endocrinien

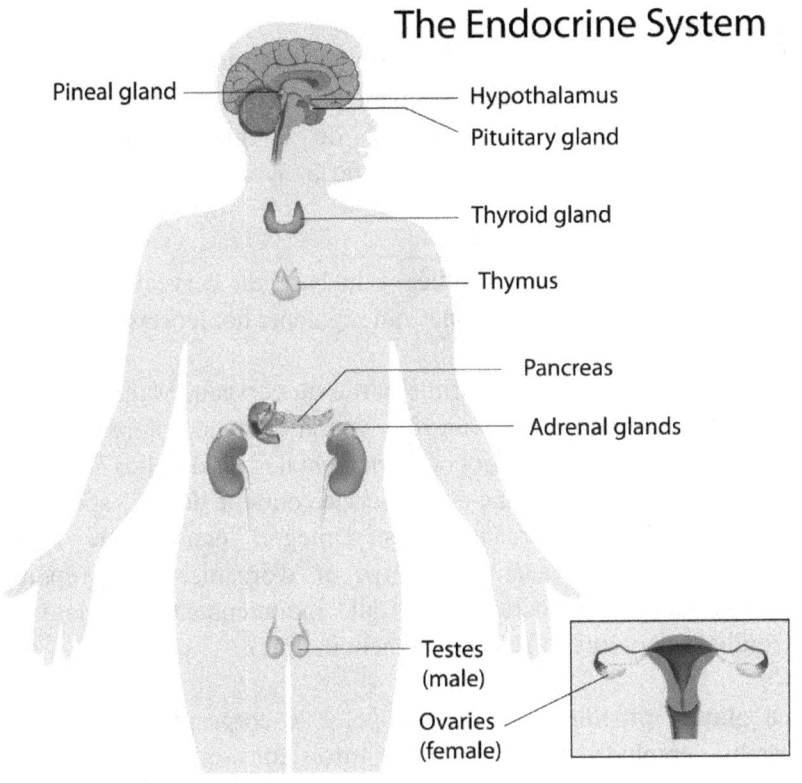

On the left hand side of the drawing from the top:
• pituitaire
• parathyroïde
• glandes adrénaline

On the right hand side of the drawing from the top:
• corps pinéal
• hypothalamus
• glande thyroïde
• thymus
• pancréas
• ovaires
• testicules

Le système endocrinien est un système de glandes, dont chacune sécrète un type d'hormone directement dans le sang pour réguler le corps. Ce système est composé de la glande pituitaire, de l'hypothalamus, de la glande pinéale, de la thyroïde, de la parathyroïde et des surrénales.

La **glande pituitaire** est située à la base du cerveau. La glande pituitaire sécrète neuf hormones qui régulent l'homéostasie.

L'**hypothalamus** est une infime partie du cerveau. Malgré sa petite taille, l'hypothalamus joue un rôle central dans un nombre étonnant d'activités fonctionnelles et comportementales essentielles à la survie quotidienne de la personne et à la survie continue de son espèce. Son rôle global est de recueillir et d'intégrer une grande variété d'informations provenant du corps et d'organiser des réponses neuronales et endocriniennes qui maintiennent l'homéostasie (équilibre constant de l'environnement interne).

La **glande pinéale** (également appelée le corps pinéale, épiphyse cerebri, épiphyse, conarium ou le «troisième œil») est une petite glande endocrine dans le cerveau. Elle produit le dérivé de la sérotonine, la mélatonine, une hormone qui affecte la modulation des modèles de réveil / sommeil et les fonctions saisonnières. Sa forme ressemble à un petit cône de pin (d'où son nom), et elle est située près du centre du cerveau, entre les deux hémisphères.

La **glande thyroïde** ou simplement, la thyroïde est l'une des plus grandes glandes endocrines. La glande thyroïde se trouve dans le cou, en dessous (inférieure) au cartilage thyroïde (qui forme la proéminence laryngée, ou "pomme d'Adam" chez les hommes). La glande thyroïde contrôle avec quelle rapidité le corps utilise l'énergie, fabrique des protéines et contrôle la sensibilité du corps à d'autres hormones. Elle participe à ces processus en produisant des hormones thyroïdiennes, les principales étant la triiodothyronine (T3) et la thyroxine (T4). Ces hormones régulent le taux de métabolisme et affectent la croissance et le taux de fonctionnement de nombreux autres systèmes dans le corps.

Les **glandes parathyroïdes** sont de petites glandes endocrines dans le cou qui produisent l'hormone parathyroïdienne. Les humains ont généralement quatre glandes parathyroïdes, qui sont généralement situées sur la surface arrière de la glande thyroïde, ou, dans de rares cas, dans la glande thyroïde elle-même ou dans la poitrine. Les glandes parathyroïdes contrôlent la quantité de calcium dans le sang et dans les os.

Les **glandes surrénales** (également connues sous le nom de surrénales) reposent sur les reins. Elles sont principalement responsables de la libération d'hormones en réponse au stress par la synthèse de corticostéroïdes tels que le cortisol et les catécholamines telles que l'épinéphrine. Les glandes surrénales affectent la fonction rénale par la sécrétion d'aldostérone, une hormone impliquée dans la régulation de l'osmolarité du plasma sanguin.

La chose principale que fait ce système est de maintenir l'équilibre du corps (état de l'homéostasie). Il le fait avec la sécrétion des différentes hormones provenant des différentes glandes. Plutôt que de regarder ce système dans son ensemble, la chose à regarder ici est la partie du corps dans laquelle se trouve la glande en question. Cela vous donnera les conseils pour le message.

Les glandes du cou et de la gorge indiqueront le besoin de dire sa vérité pour s'équilibrer dans sa vie. Il y a quelque chose que vous ne dites pas qui doit être dite. Vous devez exprimer votre vérité! Nous avons eu de nombreux exemples de personnes ayant des problèmes de thyroïde (en particulier hypothyroïdie signifiant thyroïde faible). Il a été constaté dans tous les cas que la personne avait besoin de parler de quelque chose. Elles restaient silencieuses depuis trop longtemps.

Les glandes surrénales sont positionnées au-dessus des reins, donc vous regardez la région abdominale ainsi que la fonction des reins pour trouver votre message. Les reins libèrent des toxines du système, donc il y a probablement des pensées toxiques, des mots, des actions, etc. que vous tenez dans votre "intestin" qui doivent être libérés pour revenir dans, et maintenir l'équilibre de votre vie. Je vous prie de vous référer à la section sur les reins pour une meilleure compréhension de cette région du corps.

Les autres glandes sont situées dans le cerveau; soit au milieu ou à sa base. Au moment où j'écris ceci, on me dit de regarder ces termes littéralement. En d'autres termes, regardez ce qui est à la "tête" ou à la "base" de la question ou du problème. C'est là que les changements doivent arriver pour regagner un équilibre.

Le cerveau traite également d'une multitude d'informations, de stimulis, de pensées, d'impulsions nerveuses, etc. Les surcharges d'informations ou de stimulis peuvent créer un besoin de se reposer et de calmer le cerveau. Le message peut être de ralentir et de s'éloigner dans un endroit calme par vous-même afin que vous ayez l'espace nécessaire pour traiter ce qui se passe dans votre environnement.

Dans le chapitre sur les chakras, le troisième oeil ou le chakra du front se rapporte à cette zone et est révélateur de problèmes liés aux capacités psychiques. Ceci sera expliqué plus en détail dans la section sur le cerveau dans le système nerveux.

Dans ma situation personnelle, j'avais des problèmes avec ce qui semblait être plusieurs parties de ce système. Quand je leur ai demandé à "eux" et puis à mon corps (j'enseignerai ceci plus tard dans le livre), la réponse était toujours: "Vous êtes en déséquilibre." Le corps reflète votre vie, donc si les choses sont "éteintes" dans votre corps, vous devez regarder autour de vous pour trouver les réponses. Dans mon cas, c'était et c'est que je passe beaucoup plus de temps à travailler qu'à jouer ou à avoir du temps pour moi-même. C'est très déséquilibré. Comme vous pouvez l'imaginer, la vie que je vis actuellement est très exigeante et le temps pour tout ce qui est personnel doit être planifié et découpé. Ce n'est pas toujours facile à faire et le travail prévaut généralement. Je peux vous dire que le corps et la personne ne sont pas faits uniquement pour le travail, mais il est très facile de se mettre dans une ornière où il est plus facile de "travailler" que de trouver du temps ou de l'espace pour "être." Je me sens généralement coupable si je ne " fais " pas quelque chose. Je réalise que c'est ce que le corps essaie de me dire et je suis consciente de mes décisions alors que je travaille à recréer l'équilibre de ma vie.

Alors que nous étions récemment à Londres pour un événement, le 21 décembre 2012 que nous avions parrainé, je suis passée devant un acupuncteur et herboriste tout en faisant une promenade dans la zone autour de notre hôtel. Je me sentais très attirée par l'idée d'essayer. Je n'avais jamais expérimenté d'acupuncture auparavant, mais ce sujet m'avait interessé et je me demandais s'il y avait quelque chose pour moi là-dedans. Ayant compris que cela avait quelque chose à voir avec l'équilibre dans nos énergies, j'ai donc pensé que cela pourrait m'être utile. Le propriétaire et praticien de ce lieu se trouvait être une femme magnifiquement agréable originaire de Beijing, en Chine. Nous nous sommes assises l'une en face de l'autre pour une consultation et elle m'a prise par les poignets pendant qu'elle conservait ses doigts sur mes pouls. J'ai ressenti un calme qui me pénétrait immédiatement - c'était un sentiment vraiment agréable et apaisant. Elle a commencé à me raconter exactement ce qui se passait avec mon corps. Elle savait parfaitement où mon cou était serré depuis la très longue chute, ainsi que d'autres choses qu'elle ne pouvait pas savoir par ce que je ne lui avais jamais dit. Elle m'a dit plus tard qu'elle n'était pas sûre de comment elle l'avait fait, que peut-être son chi (son énergie) était entré dans mon corps et lui avait permis de voir ce qui s'y passait. Je ne suis pas sûre de ce qu'elle a fait non plus, mais je sais que je me sentais très paisible une fois qu'elle avait prise mes poignets. Elle a procédé à une séance d'acupuncture car elle m'a informée que certains de mes organes étaient très fatigués. Elle a également dit que l'équilibre de l'énergie dans ces organes était éteint et que l'acupuncture aiderait à les réaligner. J'ai vraiment aimé son approche dans le sens qu'elle concevait pour le corps d'être capable de prendre soin de lui-même si vous lui donniez l'espace et le soutien nécessaires. Elle ne préconisait pas toutes ces techniques ayant à intervenir avec le corps alors qu'il est capable de le faire lui-même. Comme nous l'avons dit, "le corps est une machine miraculeuse conçue pour se guérir si nous ne nous immiscons pas". Le traitement devait procurer aux organes l'équilibre énergétique et le repos nécessaires pour qu'ils puissent se guérir afin de pouvoir fonctionner dans une condition optimale. J'ai trouvé les informations suivantes sur internet concernant l'acupuncture, juste au cas où vous en sauriez aussi peu que moi à ce sujet. Comme dans tout type de service, vous devez faire les recherches nécessaires et voir qui et quel service résonne le mieux pour vous, car il y a beaucoup de gens qui ne représent pas leur métier dans la meilleure des lumières. Cela me semblait juste à l'époque et j'étais définitivement guidée pour utiliser les services de cette femme. C'est ainsi que vous recevrez parfois vos conseils de guérison. Vous serez amené vers un service qui peut vous aider à faire ce dont votre corps a besoin pour changer vos énergies afin de vous guérir par vous-même.

L'acupuncture est une méthode qui encourage le corps à promouvoir une guérison naturelle et à en améliorer le fonctionnement. Ceci est fait en incérant des aiguilles et en appliquant de la chaleur ou une stimulation électrique à des points d'acupuncture très précis.

Comment l'acupuncture fonctionne-t-elle?

Selon l'explication classique chinoise, des canaux d'énergie s'écoulent régulièrement dans le corps et sur sa surface. Ces canaux d'énergie, appelés méridiens, sont comme des rivières qui traversent le corps pour en irriguer et nourrir les tissus énergétiquement. Une obstruction dans le mouvement de ces rivières d'énergie est comme un barrage qui refoule dans les autres.

Les méridiens peuvent être influencés en piquant sur des points d'acupuncture; les aiguilles d'acupuncture débloquent les obstructions de ces barrages et rétablissent le courant régulier à travers les méridiens. Les traitements d'acupuncture peuvent donc aider les organes internes du corps à corriger les déséquilibres dans leurs activités de digestion, d'absorption et de production d'énergie, et dans la circulation de leur énergie à travers les méridiens.

L'explication scientifique moderne est qu'en piquant les différents points d'acupuncture le système nerveux se trouve stimuler et ainsi libére des produits chimiques dans les muscles, la moelle épinière et le cerveau. Ces produits chimiques vont soit changer l'expérience de la douleur, soit déclencher la libération d'autres substances chimiques et hormones qui influenceront le système de régulation interne du corps.

L'amélioration de l'équilibre énergétique et biochimique produit par l'acupuncture stimule les capacités naturelles de guérison du corps et ainsi favorise le bien-être physique et émotionnel.

Chapitre 10

Le système immunitaire

Un système immunitaire est un système de structures et de processus biologiques qui protège contre les maladies. Pour fonctionner correctement, un système immunitaire doit détecter une grande variété d'agents, allant des virus aux vers parasitaires, et les en distinguer de son propre tissu sain dans l'organisme.

Les leucocytes:
Les globules blancs ou leucocytes sont des cellules du système immunitaire impliquées dans la défense du corps contre les maladies infectieuses et les matières étrangères. Ils vivent environ 3 à 4 jours dans un corps humain moyen, et se retrouvent dans toute l'étendue du corps, y compris dans le sang et le système lymphatique.

Les amygdales:
Les **amygdales** sont des tissus lympho-épithéliaux situés à l'arrière de la gorge. Ces tissus représentent le mécanisme de première ligne de défense contre les pathogènes étrangers ingérés ou inhalés.

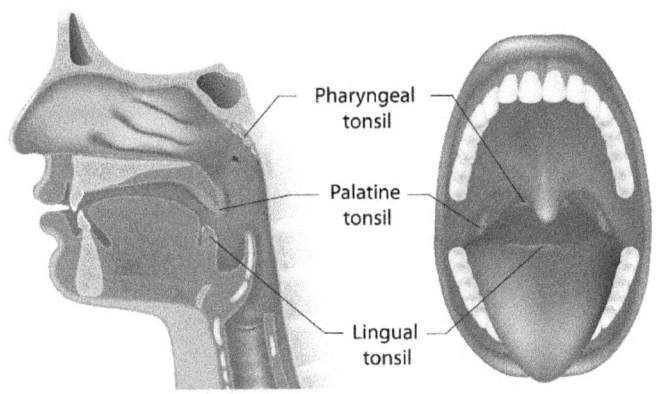

Les Végétations adénoïdes:

Les **adénoïdes** sont une masse de tissu lymphoïde située à l'arrière dans la cavité nasale, dans le toit du nasopharynx, où le nez se fond dans la gorge.

Le Thymus:

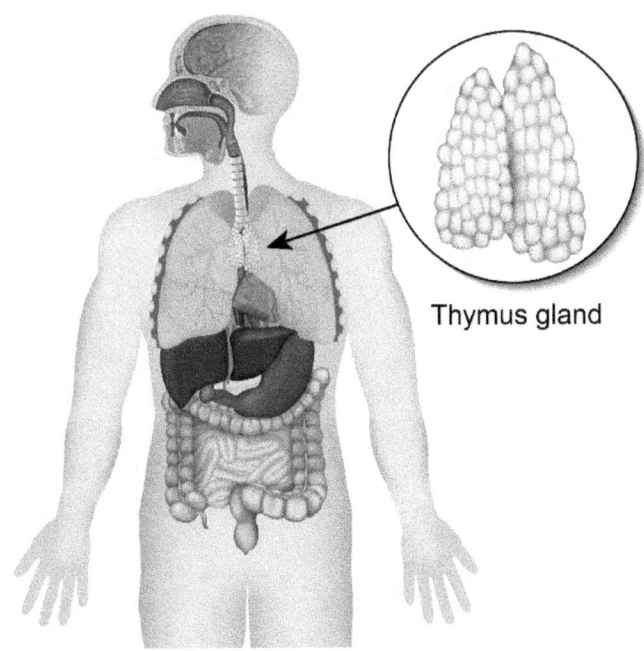

Le **thymus** est un organe spécialisé dans le système immunitaire. Le thymus produit et "éduque" les lymphocytes T (cellules T), qui sont des cellules très importantes du système immunitaire adaptatif.

Le thymus est composé de deux lobes identiques et se situe anatomiquement dans le médiastin supérieur antérieur, devant le coeur et derrière le sternum.

La rate

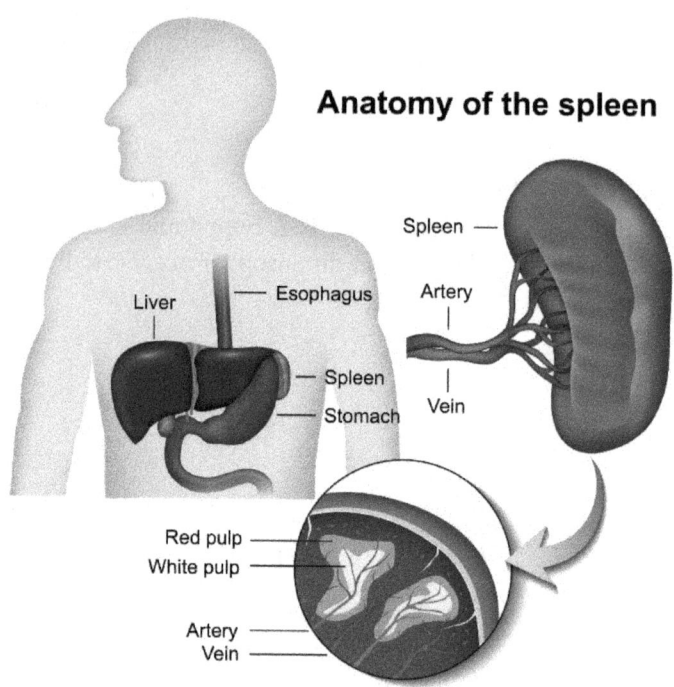

La rate est située dans le quadrant supérieur gauche de l'abdomen et joue un rôle important en ce qui concerne les globules rouges. Elle élimine les vieux globules rouges et maintient une réserve de sang en cas de choc hémorragique tout en recyclant le fer. Elle peut être considérée comme analogue à un gros ganglion lymphatique, car son absence peut conduire à une prédisposition à certaines infections.

Le système immunitaire a un but et c'est celui de protéger le corps contre toute attaque d'éléments étrangers. Donc, tout simplement, lorsque ce système est activé, il semblerait facile de dire: "Eh bien, je suis entré en contact avec quelqu'un qui avait un germe et j'ai attrapé un rhume." Rappelez-vous - tous les maux / douleurs / symptômes nous livrent un message. Ce n'est généralement pas pour nous dire: "Tenez-vous à l'écart des gens qui ont des microbes". Cela veut dire que vous vous sentez comme si vous receviez une attaque d'une manière ou d'une autre. Ce n'est généralement pas une attaque complète, mais ça pourrait l'être. On se sent impuissant face à quelque chose. On sent qu'on ne peut pas se défendre contre quelque chose. Quelque chose s'approche "de front" et on ne veut pas y faire face. Cela est vu comme une attaque, sinon, on l'accepterait sans sourciller et on y passerait au travers, ou on choisirait de la contourner. On pourrait simplement avoir besoin de se reposer (les demandes extérieures attaquent) et on ne se donne pas la permission de prendre de tels loisirs, alors le corps prend soin de soi en se donnant un rhume, etc. et, ainsi, forçant à se reposer.

Pour comprendre et recevoir des conseils sur les messages délivrés, il est important de regarder la zone dans laquelle se trouve la glande et comment elle manifeste les symptômes.

Lorsque les **amygdales ou les végétations adénoïdes** sont touchées (zone de la gorge), on se doit de dire quelque chose (dire sa vérité) en ce qui concerne l'attaque qui est subite. Une autre façon de voir cela est: Pour être attaqué, on doit être une victime, on se doit donc de regarder l'état d'esprit au moment afin de voir si on se sent victime d'une circonstance ou d'une situation. Rappellons-nous, nous créons nos situations pour apprendre et ne sommes jamais victimes des comportements étranges de quelqu'un d'autre. Si nous nous sentons vulnérables et victimes, alors, pour une raison ou pour une autre, nous avons aliéné notre pouvoir et sommes prêts pour subir une attaque.

Le **thymus** se trouve dans la région thoracique / cardiaque, ce qui pourrait également signifier qu'on se sent impuissant lorsqu'il s'agit de ressentir des émotions pour soi-même ou pour les autres. Le cœur est le " siège des émotions " et indique vos sentiments d'amour. Cela regarde la capacité à aimer, et être aimé, ainsi que la capacité à avoir de l'amour et de la joie dans votre vie. Peut-être que vous vous êtes senti attaqué dans le passé pour ce qui regarde vos émotions, et la crainte est née d'ouvrir cette partie de vous-même. Ou bien, vous vous sentez attaqué maintenant en ce qui concerne vos sentiments d'amour et / ou de joie et vous avez engagé vos mécanismes de protection.

La rate est dans le haut de l'abdomen, donc encore une fois, regardez ce qui est retenu, et peut-être vu comme de la défense contre toute attaque. La zone abdominale est l'endroit où nous avons tendance à retenir nos émotions, à ne pas les libérer ou ne pas les exprimer. Cela peut s'envenimer et faire réagir n'importe quoi dans cette partie du corps.

Chapitre 11

Le système tégumentaire

Le système tégumentaire est le système d'organes qui protège le corps contre les déteriorations, comprenant la peau et ses appendices (y compris les cheveux et les ongles). Le système tégumentaire a une variété de fonctions; il peut servir à imperméabiliser, à amortir, et à protéger les plus profonds tissus, à éliminer les déchets et à réguler la température, et constitue le site d'attache des récepteurs sensoriels afin de détecter la douleur, la sensation, la pression et la température. Chez la plupart des vertébrés terrestres fortement exposés à la lumière du soleil, le système tégumentaire assure également la synthèse de la vitamine D.

La peau:

La peau humaine est la couverture extérieure du corps. Chez l'homme, c'est le plus grand organe du système tégumentaire. La peau a plusieurs couches de tissu ectodermique et protège les muscles sous-jacents, les os, les ligaments et les organes internes. Bien que presque toute la peau humaine soit couverte de follicules pileux, elle semble être sans poils.

Parce qu'elle interagit avec l'environnement, la peau joue un rôle clé dans la protection (du corps) contre les agents pathogènes et la perte excessive d'eau. Ses autres fonctions sont l'isolation, la régulation de la température, la sensation, la synthèse de la vitamine D et la protection des folates de vitamine B.

En outre la peau, les cheveux et les ongles qui protègent les organes et les systèmes du corps, sont aussi la façon dont vous vous présentez au monde. Selon l'endroit où un problème est localisé, de nouveau, ceci vous dira la nature du problème. J'ai rencontré quelqu'un qui avait une décoloration du visage et du cou. Au cours d'une séance de régression qui l'a amenée à sa naissance dans cette vie, elle a découvert qu'elle n'était pas attendue par sa mère parce qu'elle se trouvait être une fille, et que sa mère voulait un garçon. Elle s'est sentie "dégradée" et a ainsi créé ce "masque" pour elle-même.

Des **entailles** ou autres types d'ouvertures de la peau peuvent indiquer une sensation de vulnérabilité ou une protection insuffisante contre des influences extérieures.

Regardez comment exactement la condition se manifeste, car ceci sera votre message.

J'ai également constaté que certaines éruptions cutanées (en particulier les jambes) sont une indication d'une trop grande quantité d'énergie à travers le corps présentant une surcharge.

Beaucoup de régressions de vies passées ont montré que l'eczéma (une rougeur brûlante de la peau) était le résidu d'être brûlé à mort dans une autre vie. Il peut avoir été utilisé comme rappel ou pour vous mettre en garde contre les activités qui ont conduit à l'incinération. En d'autres termes, il peut y avoir des similitudes entre les deux vies et cela sert d'avertissement.

Une autre chose qui est commune sur la peau est une marque de naissance. Il a été découvert que les **marques de naissance** comme étant des résidus et des indicateurs de traumatismes, ou la manière par laquelle vous êtes mort dans une autre vie. Elles n'ont généralement aucun impact sur la santé, mais elles peuvent être supprimées si vous en assimilez le message qu'elle viennent vous donner et que vous établissez la connexion juste.

Les **cheveux** (la crinière) sont notre fierté dans de nombreux cas et comment nous nous distinguons les uns des autres. Comment nous portons nos cheveux est une excellente indication de ce que nous ressentons à propos de nous-mêmes.

Lorsque l'on pense à perdre ses cheveux, on entend - perdre son honneur. Dans une session par Dolores le subconscient a placé que la perte de cheveux était due à une carence en vitamine B12.

Les ongles sont aussi une indication de la façon dont nous nous mettons en avant pour ceux qui nous entourent. Ce sont les parties que nous "montrons".

Comme indiqué, les ongles sur nos doigts sont aussi des outils à utiliser. Des problèmes avec ces " outils " peuvent indiquer des sentiments d'inadéquation ou d'incapacité à "gérer" une situation.

Chapitre 12

Le système lymphatique

Le système lymphatique est une partie du système circulatoire, comprenant un réseau de tubes appelés vaisseaux lymphatiques qui transportent un liquide clair appelé la lymphe en direction du cœur. Après que le système circulatoire ait traité et filtré tout le sang pendant une journée, environ 3 litres de liquide ne sont pas réabsorbés directement dans le système. Cet excès de liquide dans le sang sera ensuite ramené par le système lymphatique. Le liquide est transporté à travers les vaisseaux lymphatiques vers les ganglions lymphatiques avant de se vider finalement dans la veine sous-clavière droite ou gauche, où il se mélange avec le sang.

Les organes lymphatiques jouent un rôle important dans le système immunitaire, avec un chevauchement considérable avec le système lymphoïde. Les ganglions lymphatiques sont présents dans tout le corps et agissent comme des filtres ou des pièges pour les particules étrangères. Ils sont importants dans le bon fonctionnement du système immunitaire. Ils sont étroitement emballés avec les globules blancs.

Le système lymphatique est un dispositif majeur conçu pour le transport, et par ce fait, pour le maintient des cellules dans un environnement sain et équilibré en remettant l'excès de liquide dans le sang; ceci permet au sang de circuler là où il est nécessaire et ainsi de déplacer toutes bactéries vers les ganglions lymphatiques où elles sont ensuite détruites. Lorsque ce système est "éteint", vous aurez un gonflement des extrémités (en particulier les pieds et les jambes) puisque l'excès de liquide n'est pas ramené dans le sang. Comme le système lymphatique fait partie du système circulatoire, le message sera très semblable à ce qui est trouvé avec ce même système. Le sang et le système circulatoire indiquent le flux de vie et se déplacent dans une même direction souhaitée. La sauvegarde du fluide dans ce système peut indiquer une stagnation dans le mouvement ou un mouvement " lent " dans la direction souhaitée. Il y a un blocage ou une résistance à l'écoulement ou au mouvement que vous aviez prévu dans cette vie. Vous êtes dans ce cas de figure, " hors piste " ou " coincé ". Il y a un manque d'engagement vers la bonne direction ou le flux, et donc l'équivalence à une résistance. Si vous vous arrêtez complètement, vous allez probablement développer des maux et des douleurs dans ces régions.

Le but des ganglions lymphatiques est de détruire les bactéries qui leur sont apportées via ce système. Les problèmes ici seraient similaires à ceux dans le système immunitaire. Vous vous sentez impuissant face à quelque chose ou dans un domaine de votre vie. Vous avez abandonné votre pouvoir et vous vous sentez vulnérable et sous attaque (comme une victime). Si ces nœuds ont des problèmes, vous devez rechercher leur emplacement pour le message spécifique.

Les jambes indiquent quel est le mouvement de votre direction dans la vie. Les bras indiquent la manière dont vous embrasser les choses, ou lesquelles, ou même comment vous embrasser votre vie dans sa totalité. La gorge indique un manque d'expression orale ou votre vérité non-exprimée - il y a quelque chose que vous devez dire que vous ne dites pas. La région abdominale / du ventre indique des problèmes qui se maintiennent dans la "zone intestinale" et qui ne sont pas transmis ou ne se trouvent pas traités.

Chapitre 13

Le système musculo-squelettique

Un système musculo-squelettique (également connu sous le nom de système locomoteur) est un système d'organes qui donne aux animaux (y compris les humains) la capacité de se déplacer en utilisant les systèmes musculaires et du squelette. Le système musculo-squelettique procure la forme, le soutien, la stabilité et le mouvement au corps.

Il est constitué par les os du corps (le squelette), les muscles, les cartilages, les tendons, les ligaments, les articulations et autres tissus conjonctifs qui soutiennent et qui lient ensemble les tissus et les organes.

Les principales fonctions du système musculo-squelettique consistent à soutenir le corps, à en permettre le mouvement et à protéger les organes vitaux.

Les muscles:

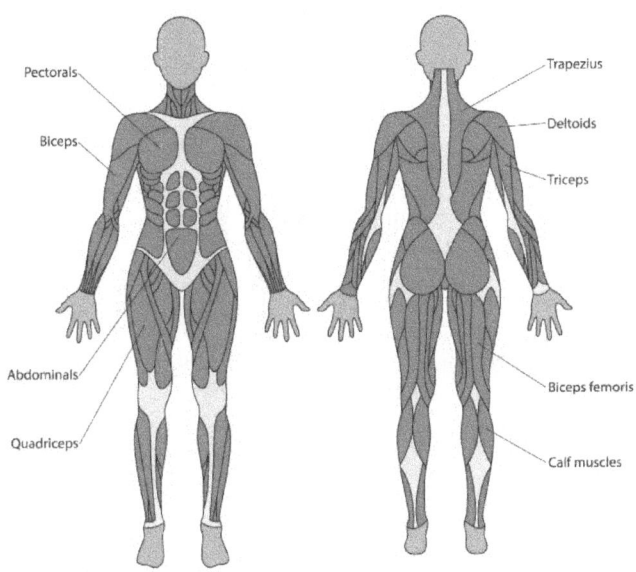

Le squelette:

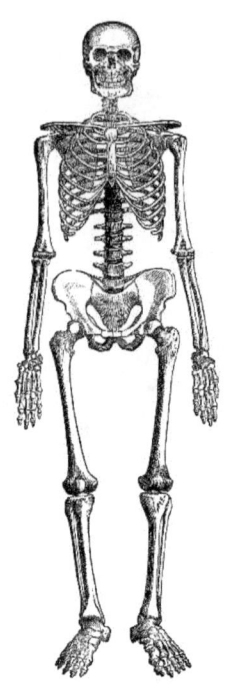

Le rôle du squelette:

Ce système d'os et de cartilages liés ensemble soutient le corps fournissant ainsi un cadre sur lequel les tissus plus mous sont construits. Le squelette protège également les organes internes, par exemple, la cage thoracique protège le cœur et les poumons, tandis que le crâne protège le cerveau plus délicat. Le squelette est également important car il permet le mouvement dans les différentes parties du corps. Les os fournissent des points d'ancrage pour les muscles, contre lesquels ils sont capables de tirer.

C'est un système qu'il est mieux d'observer en sections individuelles. Les muscles et le squelette en général fournissent un soutien et une protection pour les organes ainsi que le mouvement pour le corps. Habituellement, les choses qui sont en action dans ce système vont se passer dans des parties individuelles comme un bras ou une jambe plutôt que dans l'ensemble du système musculo-squelettique. Pour cette raison, je vous demande de regarder plus en profondeur la situation pour voir quel en est le message sous-jacent.

Puisque les muscles permettent le mouvement, le type de problème est indicatif du type de non-mouvement ou de la déficience potentielle dans le mouvement. La faiblesse ou l'atrophie musculaire peut indiquer une perte de désir dans cette direction spécifique du mouvement.

Les hanches, les jambes, les genoux, les chevilles, et les pieds:

Les jambes, pieds:
Ceux-ci vous déplacent d'un endroit à un autre. Tout problème avec ces parties du corps indique que l'on n'a pas bougé dans la direction souhaitée, une résistance au mouvement dans une direction différente. C'est probablement quelque chose que vous avez voulu faire pendant un certain temps, mais vous avez eu peur parce que cela signifierait énormément de changement dans votre vie et exigerait de sortir de votre zone de confort ou de changer de style de vie. Le côté gauche indique que quelque chose du passé vous retient. Le côté droit est quelque chose dans le présent - maintenant. "Sortir", "avancer", "faire le premier pas".

Les hanches, genoux, chevilles:
Ce sont des articulations qui aident les jambes et les pieds à se déplacer. Les jointures sont flexibles et indiquent la flexibilité que vous avez en vous déplaçant dans une nouvelle direction. Des problèmes avec ces articulations indiqueront un autre message que vous ne bougez pas dans la bonne direction vous concernant, et elles vous donneront un aperçu de ce qu'en sont les raisons. Plus l'articulation affectée est grande, plus l'inflexibilité est grande.

J'ai eu un problème avec mon talon droit qui pourrait être" diagnostiqué "comme éperon calcanéen, mais je viens de recevoir le message m'indiquant de le voir comme un" planter de talons ", comme étant très têtue. Cela est à présent en train de s'estomper alors que je suis en train d'écrire d'une manière diligente. Comme je l'ai déjà dit, j'ai travaillé énormément ma résistance pour en arriver à ce point. J'ai tendance à en créer durant le processus de déplacement dans la direction guidée. Je m'améliore et je continuerai à le faire en "m'encorporant" dans mon nouveau rôle.

Les épaules, bras, mains:

Rappelez-vous que le SC est très littéral. Les bras et les mains s'accrochent aux choses et aux personnes. Ils embrassent ce que vous aimez. Les épaules indiquent la largeur que vous pouvez ouvrir vos bras pour recevoir et / ou embrasser. Les bras sont capables de faire des câlins. Les mains peuvent agir comme des outils. L'arthrite des mains crée ce qui ressemble à des griffes ou des poings serrés. Ils ont souvent l'air de tenir ou de s'agripper à quelque chose. Cela indique ne pas vouloir laisser partir quelque chose ou quelqu'un. Un autre message des mains fermées de cette manière est de ne pas être ouvert pour recevoir puisque nous acceptons habituellement les choses qui nous sont "données avec des mains ouvertes".

Des Douleurs aux épaules - Puisque les épaules sont les articulations qui permettent de bouger les bras, il nous a été montrée au travers des séances que la douleur dans cette région exprime qu'y a un déséquilibre entre votre donner et votre recevoir. Puisque les bras consistent à recevoir, accepter et embrasser, quand vous donnez plus que ce que vous ne recevez ou vice versa, un déséquilibre est créé et donc le besoin d'un message.

Dolores a eu de nombreuses séances au cours desquelles le client était sur le point de subir une chirurgie de la hanche ou du genou parce que leurs articulations étaient complètement usées. Dans la plupart de tels cas, le message était que la personne ne bougeait pas et n'avançait plus dans la direction qu'elle s'était fixée. Il y avait certaines choses qu'elle voulait faire de sa vie et elle ne les faisait pas. Quand je regarde intuitivement ce qui se passe dans de telles situations, je vois un effort qui est fait pour se déplacer ou marcher dans une certaine direction, mais de la résistance /de la réticence / de l'entêtement créant un frottement ou une traînée sur la zone / l'articulation. Cela rend le déplacement plus difficile, ce qui cause de la douleur ou un certain inconfort.

Dans une autre session, les événements suivants se sont produits:

"Nous sommes passés à ses problèmes physiques, et j'avais pensé que son problème de genou était lié à une autre vie, mais cela n'était pas le cas. Ce symptôme signifie généralement que la personne ne va pas dans la bonne direction. Qu'elle se retient. Mais le CS a dit que c'était différent dans le cas d'Angela. "Parfois, vous vous devez de ralentir. Elle est impatiente. C'est de l'entêtement à propos de presque tout. " Ils voulaient qu'elle apprenne à se guérir elle-même, au lieu de subir une opération. J'ai continué à essayer de lui faire soigner son genou et elle a continué à refuser. "

Dès que le message est livré, reçu et les mesures appropriées sont prises; la douleur / l'inconfort / la maladie vont disparaître.

Voici une séance sur la sclérose en plaques:
Le père de mon client avait développé la SP à un très jeune âge. Je me demandais pourquoi cela était arrivé.

P: C'était un homme très brillant et très ambitieux, issu d'une famille très difficile. Et il savait ce qu'il devait faire mais il avait peur de le faire. Il avait surtout peur parce qu'il ne comprenait pas jusqu'où il devait continuer et que la route viendrait à sa rencontre vers lui. Et ainsi il s'est joint comme il l'avait fait aux forces de l'armée, et tout s'est bien déroulé pour lui. Et bien qu'il ait accompli beaucoup de choses terribles, il était en stagnation. Il n'avait pas accompli ce qu'il était censé de faire. Il avait développé de la sclérose en plaques parce qu'il ne bougeait pas spirituellement aussi vite qu'il aurait du, et cela a créé un plus grand précipice avec son plan spirituel. Mais pas sur le plan physique, où il avait beaucoup évolué et il avait aussi atteint un point de non-retour sur ce plan-là. Mais cela a permis à son aspect mental et spirituel de vraiment réfléchir et de toucher les profondeurs de lui-même, ce qui lui a fait comprendre pourquoi les choses s'étaient passées ainsi. Et il a fait ses choix à présent et il le reconnaît, ainsi il est déjà du retour dans cette vie, en travaillant sur lui-même. Il va très bien. "

Le Cou:

Avec le cou, les messages de problèmes sont à nouveau très littéraux. Quand vous pensez à ce que fait le cou: il tient la tête en place; il crée la rotation de la tête d'un côté à l'autre. Lorsque vous déplacez la tête dans une position différente, vous changez ce que les yeux sont capables de voir. À cet égard, la flexibilité du cou indique la flexibilité de votre perspective. La restriction dans le mouvement sera un excellent guide pour savoir où vous êtes rigide dans votre point de vue.

Un cou rigide ou raide - Vous ne voulez pas voir d'un différent point de vue; vous n'êtes pas flexible dans votre vision.

Le dos ou la colonne vertébrale:

Problèmes de dos - Le dos est notre système de soutien, donc des problèmes dans cette région indiquent que vous n'avez pas de soutien ou que vous ne vous sentez pas soutenu dans vos efforts. C'est le soutien d'un être cher ou même de l'univers. Cela peut aussi signifier que vous portez une grande charge.

Le bas du dos indique que le manque de soutien est à la " base ou racine " de la question. Parce que le bas du dos vous retient, il peut également indiquer le même manque de soutien.

Le milieu-dos est associé avec le chakra du plexus solaire, qui représente votre zone de pouvoir, donc les problèmes ici sont indicatifs d'un besoin d'entrer pleinement dans votre pouvoir.

La tension du haut du dos / du cou et de l'épaule représente les problèmes ou les fardeaux des autres. Vous avez l'impression d'avoir le monde entier sur vos épaules.

Ne pas être capable à "se défendre soi-même". Ne pas vouloir ou ne pas être capable de "prendre position".

La Scoliose - Être "sans personnalité" dans vos croyances ou votre point de vue et ne pas "se tenir debout campé sur ses deux jambes" en ce qui concerne soi-même. Lors d'une séance de démonstration dans l'une des classes de QHHT, on a appris que la raison pour laquelle cette personne avait une scoliose était qu'elle ne pouvait pas, ou ne voulait pas tenir tête à sa mère.

Une Bosse ou courbe en arrière -" s'inclinant " à la pression des autres. Encore une fois, ne pas être debout, ou tenir tête pour soi-même.

La Dégénérescence de la colonne vertébrale - érosion de la volonté de se tenir debout pour quelque chose, quoi que ce soit, ou soi-même. Penser de soi-même comme d'un " dégénéré ".

Dolores a eu une séance très intéressante avec quelqu'un qui avait les os du cou dégénérés à un tel point tel qu'elle souffrait constamment et le docteur lui avait ordonné de subir une intervention chirurgicale pour fusionner tous les os dans son cou.

La cliente a été régressée dans une autre vie où elle était mariée à un homme très dominant et cruel. Elle avait vraiment aimé un autre homme et son mari avait découvert ce qui se passait à leur sujet. Pendant qu'il la pendait, il lui criait qu'elle était une " dégénérée ". On a découvert que cet homme était son ex-mari dans cette vie. Elle était maintenant en relation avec un homme qui était cet amant dans l'autre vie. Parce qu'elle vivait avec lui et étant non mariée, elle avait ces mêmes sentiments d'être à nouveau dégénérée. La pendaison tout en étant appelée une dégénérée avait créé la situation des os de son cou s'érodant (ou se dégénérant comme décrit par le docteur). De telles situations comme celles-ci, dans lesquelles les symptômes sont transférés d'une autre vie, peuvent être facilement remédiées lorsque la cause en est trouvée, par la suite, les symptômes du corps peuvent être laissés dans le passé avec l'autre vie. C'était aussi très important pour elle de ne pas prendre les attitudes de ceux qui l'entouraient dans cette autre vie.

Chapitre 14

Le système nerveux

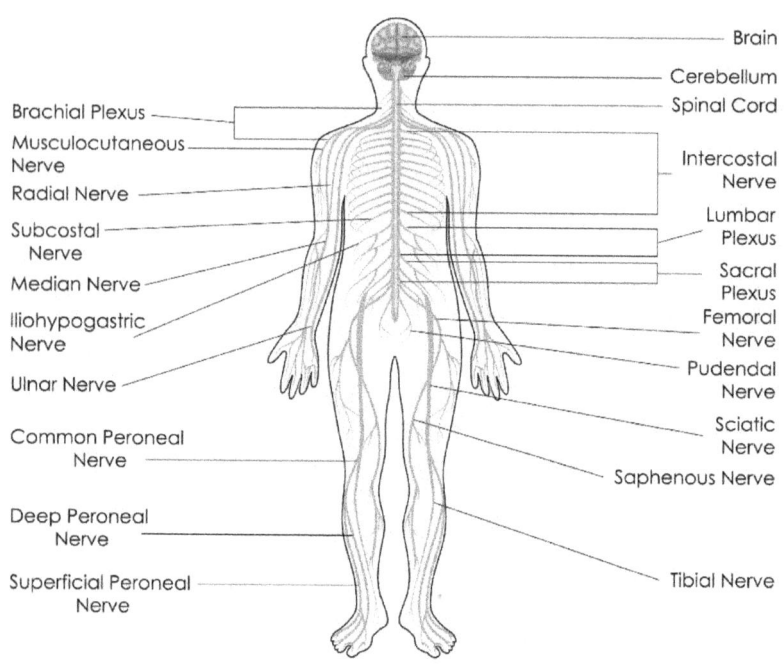

NERVOUS SYSTEM

Le système nerveux est un système d'organes contenant un réseau de cellules spécialisées appelées neurones qui coordonnent les actions d'un animal et transmettent des signaux entre différentes parties de son corps. Le système nerveux est composé du cerveau, de la moelle épinière et des nerfs. Il contient en fait des parties plus complexes telles que les neurones, mais pour ces exemples, il suffit de comprendre la performance globale du système et de ses principales parties.

Le Cerveau:
Le **cerveau** humain est le centre du système nerveux humain.

Le cerveau surveille et régule les actions et les réactions du corps. Il reçoit en permanence des informations sensorielles, analyse rapidement ces données, et réagit ensuite en contrôlant les actions et les fonctions corporelles.

Il m'a fallu beaucoup de temps pour comprendre ce que les problèmes dans le cerveau pouvaient signifier. Jusqu'à présent, Dolores n'avait rencontré personne avec ce type de problème mais je savais que cette partie du corps devait être également traitée. Beaucoup de gens ont des choses qui se passent dans leur cerveau - des tumeurs, des anévrismes (saignements), des caillots sanguins pour n'en nommer que quelques-uns. Il m'est venu hier alors que je faisais une méditation en visualisant une colonne de lumière blanche brillante descendant à travers mon chakra de Couronne et dans mon corps. Quand la lumière est parvenue à mon troisième chakra des yeux, il m'est apparu que des problèmes avec cette partie du corps avaient à voir avec ce chakra. Ce chakra a à voir avec votre intuition et le développement de vos capacités psychiques supérieures. Nous aurions besoin de regarder spécifiquement quelle est la maladie concernée pour en déterminer le message. Les caillots de sang représenteraient un "blocage" dans le système et ne permettent pas le flux. Un anévrisme ou un saignement dans le cerveau provoque une forte pression. Le message pourrait-il en être une grande pression autour du développement de ces capacités ou d'une perte de contrôle? Les tumeurs cancéreuses représentent la colère réprimée, donc une tumeur dans ce secteur peut signifier qu'il y a beaucoup de colère autour de la question de l'intuition. Cela n'avait pas vraiment de sens pour moi quand j'ai écrit ceci, mais c'est ce qui arrive en ce moment. Peut-être y-aurait-il un ressentiment de l'autre et de ses capacités, ou de soi-même ne se développant pas ou ne s'écoutant pas, etc.

Le cerveau est le siège du chakra dit du "troisième oeil", qui abrite la glande pinéale. Cette zone est la porte (ou passerelle) vers une compréhension dimensionnelle supérieure ou vers des capacités psychiques. J'ai décidé de faire des recherches sur la glande pinéale, car j'en avais une compréhension très limitée. L'information de base "physique" que j'ai découverte à son propos est qu'il s'agit d'une glande de la taille d'un petit pois au centre du cerveau, et qui produit de la mélatonine, une hormone qui affecte la modulation des modèles de l'éveil / sommeil et des fonctions saisonnières. J'ai trouvé un article très intéressant par Gary Vey sur un site Web nommé viewzone.com. En voici un bref extrait qui explique pourquoi elle a cette réputation:

Bien que communément attribué à Descartes, l'idée que la glande pinéale était l'organe de l'interface où l'esprit de l'homme a gagné un accès, et a animé le corps humain venaitt en fait de l'idée d'un médecin grec nommé Herophilus. Trois cents ans avant Jésus-Christ, Héraclide [à droite] disséquait des cadavres et documentait ce qu'il observait. Ses spécialités étaient le système reproducteur et le cerveau.

Avant Hérophilus, les gens croyaient que le "bureau exécutif" de la conscience humaine était le cœur. Les momies égyptiennes avaient leurs coeurs soigneusement embaumés et préservés pendant que leurs cerveaux ont été extraits par leur passage nasal et jetés sans

cérémonie. Mais Herophilus savait que le cerveau était le centre de contrôle et il a continué à faire la distinction entre les différentes parties du cerveau et à évaluer les différents comportements qui leur sont associés.

Herophilus avait remarqué que la petite structure pinéale était singulière, contrairement à d'autres caractéristiques du cerveau, qui se reflètent dans les hémisphères, gauche et droite. C'est la première glande à se former chez le fœtus et être observée dès la troisième semaine. Elle est également très bien nourrie. La glande pinéale a été fournie avec le meilleur mélange de sang, d'oxygène et de nutriments disponible dans l'anatomie humaine, juste après celle de nos reins (dont la fonction est de filtrer le sang des impuretés). En raison de cette configuration anatomique unique et spéciale, Hérophilus a conclu à juste titre qu'elle devait avoir un rôle majeur dans la conscience et qu'elle était la porte d'entrée vers notre vrai soi-même.

Plus loin dans ce même article:

En 1958, Aaron Lerner avait découvert la mélatonine, une molécule vitale produite dans la glande pinéale à partir d'un autre neurotransmetteur commun, la sérotonine. Il a également validé le fait que la production de mélatonine variait, s'arrêtant pendant la lumière du jour et sa montée en puissance peu de temps après l'obscurité. La mélatonine, on l'a appris, était responsable pour nous de nous faire parvenir à nous détendre et ainsi à nous endormir.

Pendant un moment, on ne savait pas comment cette petite glande, enfouie profondément au milieu du cerveau humain, pouvait ressentir la lumière voiremême l'obscurité. Mais il a été découvert plus tard qu'il existait une liaison entre la glande pinéale et la rétine qui, curieusement, contenait également de la mélatonine. En peu de temps, la glande pinéale a été appelée "le troisième œil" et, en raison de sa localisation au niveau d'un des sept chakras, elle prit la réputation d'être le centre de l'énergie spirituelle et psychique.

Dans un autre article, il est dit qu'une glande pinéale éveillée apporte la capacité de voyager consciemment dans l'astral, d'explorer d'autres dimensions, de prévoir le futur et de recevoir des communications d'êtres interdimensionnels aimants... Ainsi, il semblerait que les êtres humains étaient destinés à être des êtres visionnaires et à pouvoir puiser de l'information dans d'autres dimensions. Cette perception dimensionnelle transcende l'ego et guérit rapidement nos souffrances, nos conflits et donc nos karmas.

La Moelle épinière:

La **moelle épinière** est la principale voie d'accès pour l'information entre le cerveau et le système nerveux périphérique. C'est le système de relais des messages. Tous les messages transmis du cerveau au corps doivent utiliser ce système de communication. Cela ne tombe-t-il pas sous le sens que tout ce qui fonctionne mal dans cette section soit lié à la communication, et à la façon dont vous envoyez et recevez vos messages? Je viens de recevoir l'information que cela a à voir avec la façon dont vous envoyez et recevez des messages à vous-même. Vous pouvez donc déterminer le degré de contrariété des messages par ce qui se passe dans la moelle épinière et les nerfs. Un serveur complet peut indiquer une déconnexion complète avec vous-même lorsque vous envoyez les messages. Les messages ne sont pas du tout reçus ou sont reçus de manière très déformée.

Les Nerfs:

Un nerf périphérique, ou simplement un nerf, est un faisceau clos d'axones périphériques (les longues projections élancées des neurones). Un **nerf** fournit une voie commune pour les influx nerveux électrochimiques qui sont transmis le long de chacun des axones.

Les **nerfs et la moelle épinière** sont un système de messagerie géant car ils transmettent des messages vers et depuis le cerveau et le corps.

Les maladies nerveuses ont souvent à faire avec un surplus d'énergie entrant dans le corps. Dans des circonstances régulières (dites "normales"), l'énergie entre dans votre chakra de la couronne en forme d'entonnoir. Quand j'ai regardé son énergie chez quelqu'un qui avait un trouble du système nerveux, j'ai vu l'énergie entrer comme une colonne qui entourait complètement physiquement la personne. La première fois que j'ai vu ça, j'ai ressenti comme la présence d'une surcharge d'énergie. J'ai reçu intuitivement le message que la personne avait dit en entrant dans cette vie: " Apportez-moi tout! " Beaucoup d'entre nous surestiment la capacité du corps humain à transporter l'énergie. Quand nous sommes de l'autre côté et alors comme nous y sommes notre vrai moi, nous sommes de la pure énergie. Nous entrons dans ces corps humains pour y retenir et y transporter de cette énergie pour aider les autres. Nous avons de grandes ambitions sur ce que nous souhaitons accomplir ici et nous en demandons plus que ce que nous ne pouvons gérer. Puisqu'il y a la loi de la non-interférence, rien ne peut nous être fait, ou pour nous par nos guides, ou par notre soi supérieur, à moins, et jusqu'à ce que nous le demandions. Le résultat est un surplus d'énergie plus important que ce que le corps peut supporter à ce moment-là et nous avons comme des courts-circuits et des "surcharges" dans notre système. Les situations dans lesquelles ces types de choses se passent seraient diagnostiquées comme de l'épilepsie et la maladie d'Alzheimer.

Un autre cas de figure que nous avons découvert dans les dysfonctionnements concernant les nerfs est que la personne s'accrochait tellement à sa colère qu'elle était en train littéralement de "se faire manger" par elle. Elle en éprouvait des symptômes paralysants. Son corps ne "recevait" pas les messages. Encore une fois, comme dans le paragraphe précédent, il y a une présence d' "court circuit" au sein du système de relais des messages. J'ai trouvé très intéressant que chaque tentative, que nous ayons faite pour envoyer son enregistrement de la session à cette personne avait échoué, et que nous ayons finalement dû la lui remettre en main propre. Encore une fois - les messages n'avaient pas été reçus. Une chose très similaire peut également se produire dans ce qui est diagnostiqué comme par de la sclérose en plaques et par de la dystrophie musculaire. Les messages ne sont pas reçus.

Je donne la liste d'autres parties du corps dans ce système et ce qu'ils indiquent avec leurs messages. Comme dans d'autres sections, je ne serai pas en mesure d'aborder toutes les différentes parties du corps et tous les maux possibles. Rappelez-vous que le but de ce livre est de vous aider à comprendre le processus. Une fois que vous aurez compris les messages généraux de cette zone particulière, vous serez en mesure de déduire ce que votre Soi subconscient ou supérieur essaie de vous dire au travers de votre corps.

La tête:

Les **Maux de tête** (sévères - migraine) - Le plus souvent, les maux de tête sont des résidus de la façon dont vous êtes mort dans une autre vie. Un certain type de coup à la tête. Regardez quand les maux de tête ont commencé et ce qui se passait à ce moment-là dans votre vie. Il pourrait y avoir une sorte de lien avec une période ou une situation analogue dans cette autre vie.

Les maux de tête peuvent également être de la pression ou du stress des situations dans cette vie.

La **Démence** (extrême) (Alzheimer) - la sortie progressive de l'énergie du corps. La personne veut partir, mais le fait progressivement pour aider ses proches à s'adapter à leur mort éventuelle.

Il y a des situations qui ont été diagnostiquées comme Alzheimer, mais en réalité, il ne s'agissait que d'une surcharge d'énergie entrante. Lorsque des instructions ont été données pour réduire l'énergie, les symptômes en ont été soulagés et les systèmes corporels sont revenus à une certaine normalité dans un délai de six mois. Cette requête est faite au niveau éthérique et peut être accomplie en visualisant un bouton de réglage en train d'être baissé. Parfois, vous pouvez "puiser" dans l'énergie de l'autrui et réaliser ce que l'énergie y fait. Alors vous êtes capable de sentir l'énergie se réduisant pendant que l'interrupteur est baissé.

La **Tumeur cérébrale** - colère profonde bien implantée contre soi-même. Pensées colèriques. Le ressentiment ou la colère envers sa propre croissance ou le supposé manque de capacités psychiques. Dolores désirerait que je vous dise que vous n'êtes pas encore "autorisé" à développer vos capacités, mais j'ai un problème avec ce mot "autorisé". Vous pouvez avoir des gens ou des situations dans votre vie qui rendent difficile pour vous de faire certaines choses, mais je ressens que cet acte de permission vous vient de vous-même. Vous pouvez penser que vous n'êtes pas autorisé à faire quelque chose, mais dans le monde du développement spirituel et psychique, comment quelqu'un peut-il vous empêcher de faire des choses puisque c'est très personnel et que l'origine vient d'un endroit qui n'est pas physique? Je peux voir que dans certains pays et certaines cultures, il peut y avoir de grandes ramifications à faire de telles choses et de ce fait, cela peut créer des circonstances atténuantes, mais pour la généralité, nous sommes autorisés à faire notre "travail" en privé et nous pouvons garder cela pour nous-même, si requis.

Les **Troubles Nerveux** (stress, inquiétude) - Ces troubles spécifiques proviennent de la peur de l'inconnu. On sent que l'on doit savoir ce qui résulte de tout événement. L'inquiétude représente un manque de foi ou de confiance en quelqu'un ou quelque chose - le plus probable étant en vous-même. Parce qu'il est difficile pour vous de permettre aux circonstances de se dérouler à leur propre façon, selon leur propre conception, une surcharge de stimuli est appliquée sur l'esprit et le corps, en essayant d'anticiper ou d'en contrôler le résultat.

Le CS a déclaré que le stress peut faire des choses horribles au corps et c'est vraiment un moyen pour le corps de vous dire d'écouter. Lorsque vous écoutez, cela vous donne toutes les informations dont vous aurez besoin.

La **Dépression** - Tentative de vous retirer, ou de vous échapper.

Les **Troubles bipolaires** - C'est une forme plus extrême de dépression, donc c'est un plus grand retrait, ou une plus grande tentative d'évasion.

Chapitre 15

Le Système Reproducteur

Le système reproducteur ou le système génital est un système d'organes à l'intérieur d'un organisme vivant, qui travaillent ensemble dans le but de la reproduction.

Les Organes Sexuels Féminins:

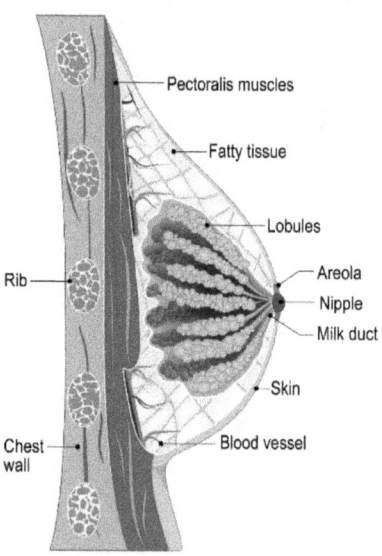

Le Sein:

Le but premier des seins est de nourrir la progéniture, donc tout problème dans ce domaine auront à voir avec l''alimentation ou le fait d'être nourri. Le problème vient généralement d'un manque, lorsque l'on doit être nourri ou élevé. Ce centre nourricier indique souvent des problèmes avec les parents ou les conjoints. Si vous ne vous sentez pas couvés ou aimés, il se peut que cela peut se présenter dans ce secteur pour vous faire passer un message, et pour pardonner à la personne fautive pour son incapacité à montrer, ou à donner de l'amour. Cela peut également être révélateur de votre incapacité à aimer ou à nourrir.

Dans l'une des classes de QHHT, il est apparu que l'intolérance au lactose d'une personne était due au fait qu'elle ne se sentait pas aimée, et nourrie par sa mère. Cela m'étonne toujours de voir à quel point les messages peuvent être littéraux.

Le Cancer du sein - La colère de ne pas être nourri ou de ne pas nourrir quelqu'un. Quelle poitrine (gauche ou droite) vous dira si cela a à voir avec maintenant ou une situation dans le passé.

Dans l'une des sessions de Dolorès, les informations suivantes sont venues du SC ou du Soi Supérieur concernant une grosseur dans le sein de sa cliente:

A: Elle a un désir de tenter de sauver, d'élever ou de nourrir et quand quelque chose arrive là où on lui empêche de le faire, elle retient tout à l'intérieur d'elle-même, et elle doit apprendre à laisser s'en aller ce côté d'elle-même. L'éducation est la meilleure chose qu'elle puisse faire avec tout ce qu'elle a à donner, et elle ne peut pas sauver tous les bébés et tous les chiots du monde.
D: Est-ce que c'est ce qui a causé tous les problèmes dans sa poitrine au moment où ils l'ont opéré?
A: Une partie de ce qu'Annette s'était donné comme challenges dans cette vie étaient des numéreuses options, et bien que celles-ci ne soit pas arrivées, cela restait une possibilité étant donné sa propension à réagir d'une certaine manière; alors oui, elle a amené en elle certains sentiments d'inadéquation, d'incapacité à prendre

soin des autres dont elle doit se libérer. (J'ai demandé à propos des médicaments qu'elle prenait.) Dans la plupart des cas, ils ne sont même pas nécessaires. Parfois, par exemple, quelqu'un peut en avoir besoin, pour ainsi dire, pour déclancher une réaction dans le corps pour que la personne prenne une direction particulière, puis il sera possible de s'en sevrer. Très rarement, on aura besoin de les avoir aussi longtemps qu'ils leur sont prescrits. (Les médecins voulaient opérer.) Elle n'en a pas besoin. C'est un organe sain. (Ils voulaient arrêter la Production d'oestrogène.) Ils ont peur. Ils ont peur. (Ils pensaient que cela causait le saignement utérin excessif qu'elle éprouvait.) C'est seulement une partie naturelle de ce qu'elle a à traverser. Nous essayons d'accélérer cette partie de sa vie afin que nous puissions effectivement réduire l'œstrogène dans son corps ... à notre manière. Nous le ferons de la façon naturelle dont cela aurait du se passer normalement. Nous allons le faire maintenant plutôt que plus tard. Ce qu'ils proposent arrêterait la production naturelle, mais cela causerait plus de mal. Le seul avantage qui découlerait d'une telle chirurgie serait le temps qu'elle prendrait pour se reposer et s'absenter du travail. (Ce n'est pas le moyen conseillé de se reposer.) Elle va encore avoir quelques inquiétudes à propos de la prise de ses médicaments. Nous les neutraliserons, (afin qu'il puisse être évacué du système en toute sécurité) mais en attendant, elle doit commencer à chercher quelque chose qui produira naturellement les mêmes effets, afin qu'elle n'ait plus besoin d'ici la fin de l'année de prendre ce médicament particulier.

Scan du corps: (un scan du corps est le moment où le SC / Soi supérieur regarde énergiquement à travers le corps comme une radiographie et est ainsi capable de voir à quoi ressemblent les organes et les parties du corps et s'ils ont besoin d'attention) À l'intérieur de son utérus, je crois qu'il pourrait y avoir un fibrome, il est du bon côté. Elle a juste besoin de lâcher prise. Elle a peut-être un autre enfant et elle a déjà rempli son contrat.

D: Vous nous avez déjà dit que les fibromes représentent les enfants à naître. (Oui) Mais elle n'a pas besoin de ça.
A: Non, ça fait partie du saignement.

Le subconscient a ensuite procédé à la dissolution de la tumeur. Il a expliqué que tout était fait avec énergie, puis il a annoncé ce qu'ils avaient fait. " Nous avons retiré le fibrome de la paroi de son utérus, puis nous avons commencé son processus de dissolution. Elle peut ressentir des picotements de temps en temps le lendemain ou durant deux prochains jours, et peut-être un peu de saignement, mais elle ira bien. Elle ne doit pas s'inquiéter. "

D: Il ne reviendra pas?
A: Non, ce n'est pas nécessaire.

(La guérison du corps était complète.)

Le système de reproduction féminin:

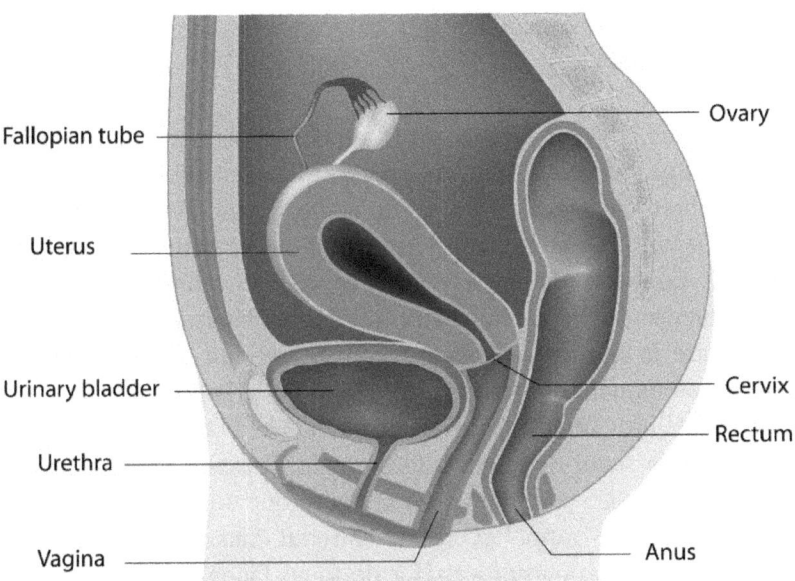

L'utérus ou la matrice est un organe sexuel féminin reproducteur sensible aux hormones comme la plupart des mammifères, y compris les êtres humains. C'est dans l'utérus que le fœtus se développe pendant la gestation.

L'Utérus:

L'utérus (ou les organes reproducteurs en général) est la zone de créativité ou de pouvoir féminin. C'est là que les vies sont créées et protégées jusqu'à ce qu'elles soient prêtes à se trouver dans le monde extérieur. Tout problème dans ce domaine représentera des problèmes avec votre créativité et / ou votre pouvoir personnel. Ils peuvent également indiquer une réticence à accepter ses qualités et ses expressions de sa féminité. Aussi, dans un même ordre d'idée, on peut ressentir de la culpabilité et / ou de la peur dans son expression de la qualité féminine. On ne vous sent pas créative. Cela peut aussi indiquer un désir d'avoir des enfants, ou un sentiment de culpabilité pour des grossesses perdues.

Vous remarquerez dans le chapitre sur les chakras que l'utérus est situé dans la zone du chakra sacré, qui régit votre pouvoir personnel.

Voici quelques explications qui ont été tirées de séances réelles réalisées par Dolores:

Une femme est arrivée qui souffrait de saignements excessifs de l'utérus. Les médecins voulaient opérer. Elle avait subi un avortement de nombreuses années auparavant et ne l'avait jamais oublié. Le subconscient (SC ou moi supérieur) a dit que le corps était désolé et pleurait pour cet enfant à naître, ce qui se manifestait par des saignements. Le SC expliqua aux cellules de l'utérus qu'il n'était plus nécessaire de saigner ou de pleurer pour ce qui était perdu. Il remplissa l'utérus de lumière de guérison et de la voix de la raison. Puis il a dit que les cellules l'avaient écouté, et que le saignement s'arrêterait, et que le corps serait de retour à la normale. Il savait maintenant qu'il était aimé. Le CS a continué à expliquer que son corps passerait à travers son cycle normal et ensuite entrerait dans la ménopause dans trois ans où tout pourrait s'arrêter de toute façon. Le CS a dit qu'il pourrait toujours aider la personne à retrouver l'équilibre et l'harmonie si elle l'acceptait. "Nous disons la vérité."

Dans une autre session:
Une femme atteinte d'endométriose est venue voir Dolores et les médecins avaient voulu faire une hystérectomie. Elle est allée visiter une vie où elle était un riche propriétaire d'esclaves qui utilisait et

violait beaucoup de femmes pour son propre plaisir. Son corps remboursait maintenant la dette avec des problèmes dans les organes féminins.

Dans ce cas, la situation est karmique. En d'autres termes, une dette est en train d'être remboursée, donc il y aura une limite quant à la quantité de guérison qui sera permise de se produire. Habituellement, une fois que le client est conscient de la raison ou de la cause d'une situation, il est plus à même d'en accepter la situation. Il y a d'autres choses qui peuvent également être faites dans de telles situations pour apporter un soulagement. Nous en discuterons dans les derniers chapitres.

Le Masculin:

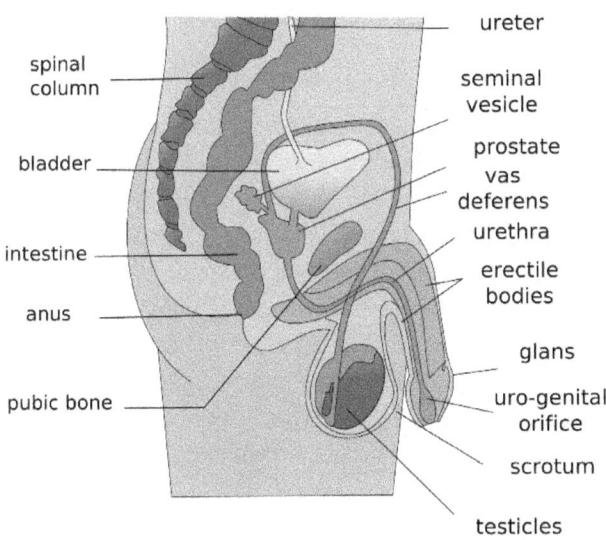

Le Pénis:

Le pénis est une caractéristique biologique des animaux mâles. C'est un organe reproducteur qui sert également de canal urinaire chez les mammifères placentaires.

La Prostate et les organes génitaux masculins:
Les organes sexuels / reproducteurs mâles représentent la masculinité de l'homme. Ils sont la zone de pouvoir des hommes. Les problèmes dans ce domaine peuvent indiquer des problèmes avec votre propre sexualité et votre sentiment de pouvoir personnel. Peut-être que vous avez peur d'entrer dans qui vous êtes vraiment. Il y a une crainte que vous ne puissiez pas en gérer le pouvoir / la responsabilité. Peut-être avez-vous mal utilisé ou abusé de ce pouvoir à un autre moment ou dans une autre vie. D'une certaine façon, pour une raison ou une autre, vous n'intervenez pas dans votre véritable virilité. Peut-être que vous n'êtes pas à l'aise avec votre rôle dans cette vie. Des problèmes dans ce domaine peuvent également indiquer que vous n'avez pas eu assez ou avez eu trop de sexe. Il peut aussi être possible que vous ayez fait vœu de célibat dans une autre vie.

Une autre raison de problèmes dans la région de la prostate est indiquée dans cet extrait de l'une des sessions de Dolores:

Mark est venu voir Dolores pour une session. Il était préoccupé par le fait que quelque chose n'allait pas avec sa prostate. Les médecins ont dit que c'était un cancer. Quand le SC a regardé dans le corps, il a dit qu'il y avait quelque chose là. " C'est un processus. Alors que la toxicité se déplace à travers le corps masculin, elle a tendance à s'installer dans la prostate, donc elle provoque et libère. Et comme elle continue à libérer, elle trouve vraiment une avenue abandonnée..."

D: Les médecins veulent opérer.
M: Oui, on lui a dit de faire une biopsie.
D: Qu'en pensez-vous?
M: Je pense que son processus est bon, les choses qu'il fait pour maintenir la santé sont bonnes.

J'ai demandé si le SC pouvait entrer et nettoyer tout ce qui devait être nettoyé, ou si le corps pouvait le faire naturellement. "Je peux le nettoyer ... peux soutenir ce processus de nettoyage."

D: Comme vous l'avez dit, il s'agit simplement de nettoyer la toxicité et une partie de celle-ci a évolué négativement. Cela a-t-il du sens?
M: Ce n'est pas vraiment une chose positive ou négative. Ce sont en partie les systèmes de croyance. Nous pouvons le nettoyer entièrement. Je vais tout retourner au néant dont c'est issu.
D: Quand il retourne chez le médecin, le docteur ne trouvera rien, n'est-ce pas?
M: Non. Comme tout le monde, les systèmes de croyances du médecin sont des endoctrinements. C'est toujours un défi de les changer.
D: C'est vrai, mais au moins peut-être que ça aidera s'ils voient quelque chose au-delà de leur compréhension.
M: C'est une opportunité, comme un bordereau. (Nous avons tous deux ri.)

Chapitre 16

Le système respiratoire

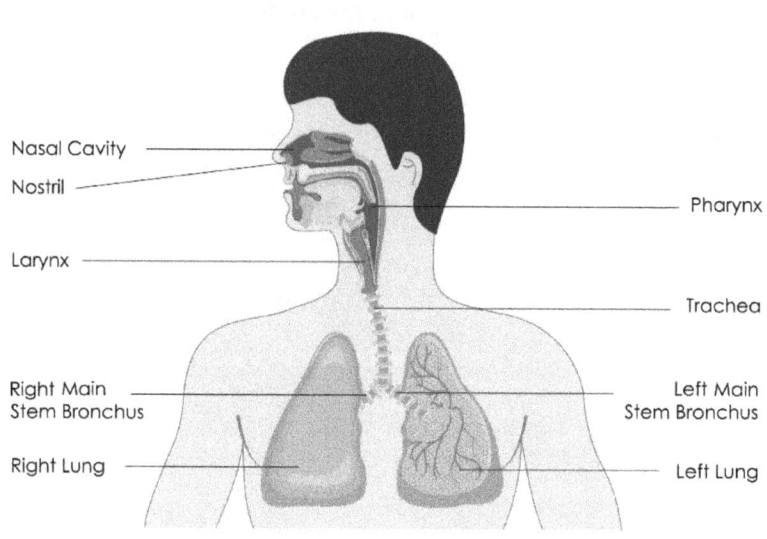

RESPIRATORY SYSTEM

Le système respiratoire est l'organisation anatomique d'un être vivant qui introduit des gaz respiratoires à l'intérieur et y effectue des échanges gazeux. Chez les humains et autres mammifères, les caractéristiques anatomiques du système respiratoire comprennent les voies respiratoires, les poumons et les muscles respiratoires.

Les Poumons:

Les poumons sont essentiels à la survie du corps. Le système respiratoire apporte les gaz nécessaires dans le corps pour y être transportés par le sang vers toutes les cellules. Sans la capacité d'amener l'air (ou l'oxygène) dans le corps, le corps mourrait. En raison de la façon dont les poumons travaillent pour le corps, il est facile de comprendre leur signification métaphysique regardant les messages reçus.

Les poumons représentent le "souffle de la vie". Être dans le "flux de la vie." Des problèmes avec les poumons indiquent une peur de "vivre". Une perte de joie dans sa vie. Il n'y a pas de vie dans sa vie. Il s'y trouve une tentative pour arrêter la vie. En d'autres termes, vous ne voulez pas/plus vivre.

Le **Cancer du poumon** - la colère envers une situation de vie. Ne pas vouloir vivre.

Des **Problèmes de sinus** - Les problèmes, en particulier la pression, dans cette zone indiquent une pression exercée par quelqu'un de très proche de vous. J'ai toujours trouvé que c'était la personne la plus proche de vous - vous-même. En d'autres termes, la pression est auto-infligée. Peut-être que vous avez des échéances pour réaliser des projets et que vous vous mettez beaucoup de pression pour les réaliser, cela peut alors se manifester sous la forme d'une pression "sur votre visage."

Un **Rhume / grippe** - vous êtes indécis à propos de quelque chose et vous devez prendre une décision. Vous essayez de retarder l'action. C'est également un moyen de vous forcer à vous reposer.

De **l'Asthme** - (resserrement du flux d'air) - être restreint; se sentir étouffé par des individus ou des situations; ne pas être autorisé à "respirer". Plusieurs fois, vous trouverez la cause ou le lien avec l'asthme dans une vie passée. Ce sera généralement à cause de la façon dont vous êtes mort dans une autre vie, d'un étranglement, d'une noyade ou d'un autre type d'asphyxie, et vous en aurez transporté le résidu au delà de cette mort. Une fois l'association retrouvée, l'asthme disparaîtra.

Dans l'une des séances de Dolores Cannon, le subconscient (soi supérieur) avait ceci à dire au sujet de l'asthme:

P: C'est une étiquette qui ne mérite pas de précise description. Beaucoup priviligient les choix faits, d'où un ressenti externe de stagnation, ou de limitation, dans leur don d'amour. Parce que la façon dont l'action à faire est comprise par lui, est qu'il s'agit là que d'un état total d'être, où existe unecertaine capacité de partage de ses dons d'amour avec l'autrui. Et c'est un non-sens de comprendre la dynamique sociale consistant à donner de l'amour au début, lors d'une rencontre avec quelqu'un, et impliquant ainsi qu'il ne serait pas approprié de se conduire de cette manière. Et il le sait. Donnez tout ce que vous avez à donner dès maintenant.

D: Il croyait que l'asthme était réel.

P: Le mot n'a plus aucune utilité. Cela restera son avis cependant. Il a également développé occasionnellement une pneumonie. C'était le moment où il retenait le plus d'amour et se sentait le plus coincé et le moins libre dans sa vie.

Le Subconscient a ensuite procédé plus loin, et a donné la guérison au corps physique.

P: Il doit être en alignement; il est juste hors de son alignement personnel. Je crée les sons et les codes de symboles qui résonneront pour rassembler tout ce qui doit fonctionner. Tant qu'il suit. C'est une grande leçon qu'il doit encore apprendre dans cette vie. Pour continuer à faire ce qu'il a dit qu'il allait faire- ce qu'il a à poursuivre jusqu'au boût. Il comprend très bien ce terme. (Un commentaire sur la nourriture). La chose la plus efficace qu'il puisse retirer de son régime est le fromage. Et il aime vraiment beaucoup le fromage, donc il ne va pas vouloir entendre ça. Cela retient trop de radiation pour son corps. Les produits laitiers conservent une énorme quantité de rayonnement. (C'était une surprise!) La pasteurisation à froid n'est pas bonne.

"Ils" ont répété à plusieurs reprises que les aliments vivants sont les meilleurs aliments à consommer. Cela signifie des fruits et légumes frais.

Chapitre 17

Le système sensoriel

La vue - Les yeux:

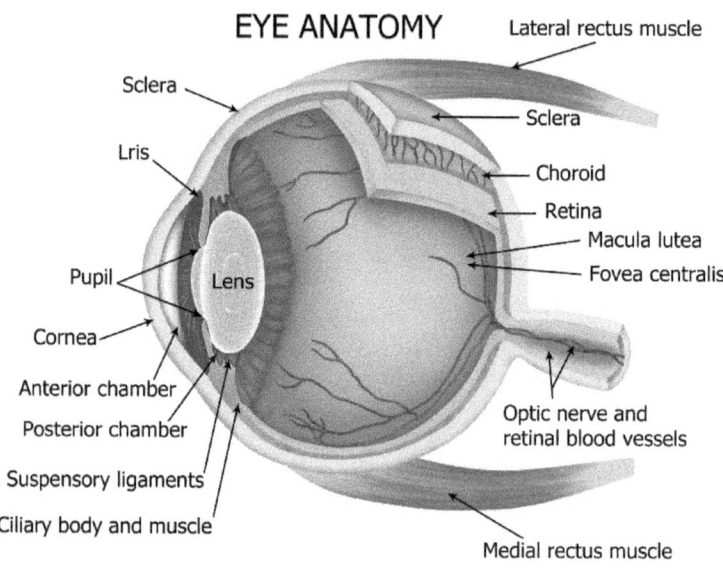

L'œil humain est un organe qui réagit à la lumière et ce, à plusieurs fins. En tant qu'organe sensoriel conscient, l'œil permet la vision. Les cellules bâtonnets et les cellules cônes dans la rétine permettent une perception et une vision conscientes de la lumière, y compris la différenciation des couleurs, et la perception de la profondeur. L'œil humain peut distinguer environ 10 millions de couleurs.

Les yeux sont utilisés pour "voir". Cela peut être vu dans cette dimension, ou dans d'autres, ou dans votre situation en général. Le mot "voir" est également souvent utilisé pour indiquer une "compréhension". En conséquence, souvent, les troubles oculaires signifient que vous ne comprenez pas quelque chose (que ce soit par choix, ou par confusion). La plupart du temps, le message sera quelque variante sur la capacité à voir ce qui se passe.

Une **Vision floue** - Il y a là de la peur ou du déni, et vous ne voulez pas voir votre situation clairement. Vous avez peur de ce que vous pourriez voir si c'était clair. Vous voulez "adoucir" la réalité de ce que vous voyez.

La **Myopie** (la capacité de voir clairement de près, mais pas à distance) - il y a une peur de votre avenir; une crainte de ce qui arrive "sur votre sentier". Plusieurs fois, c'est une mise en garde car des choses désagréables se sont produites dans le présent, donc vous vous gardez de possibles "blessures" dans le futur. Au niveau subconscient, nous savons que de grands changements arrivent, et que beaucoup ont peur de les voir. Encore une fois, nous avons tendance à craindre ce que nous ne savons pas, et nous avons tendance à nous armer contre tout changement.

Une **hypermétrophie** (la capacité de voir clairement à distance, mais pas de près) - Qu'est-ce que vous ne voulez pas voir dans votre vie en ce moment. Vous avez peur de voir votre situation clairement. Vous pensez que les choses iront mieux plus tard et vous ne voulez pas vraiment regarder la situation présente. Il y a une réticence ou une peur à "voir" les choses telles qu'elles sont réellement.

Une **Double vision** - Une autre façon de ne pas se concentrer sur ce qui est juste devant vous. Vous souhaitez dénaturer la réalité pour la traiter plus facilement.

Des **Cataractes** - Il y a un flou ou une décoloration progressive de ce que vous voyez. Cela indique un message plus fort ou plus insistant sur quelque chose ou une situation qui doit être vu. Cela s'est produit depuis un certain temps, et vous n'avez pas compris le message.

Un **Glaucome** - Je pense que c'est un déni de ce qui est vu. Il s'agit de pas vouloir admettre, ou de ne pas traiter ce qui est juste devant vous; une confusion totale sur la réalité de la situation.

L'audition:

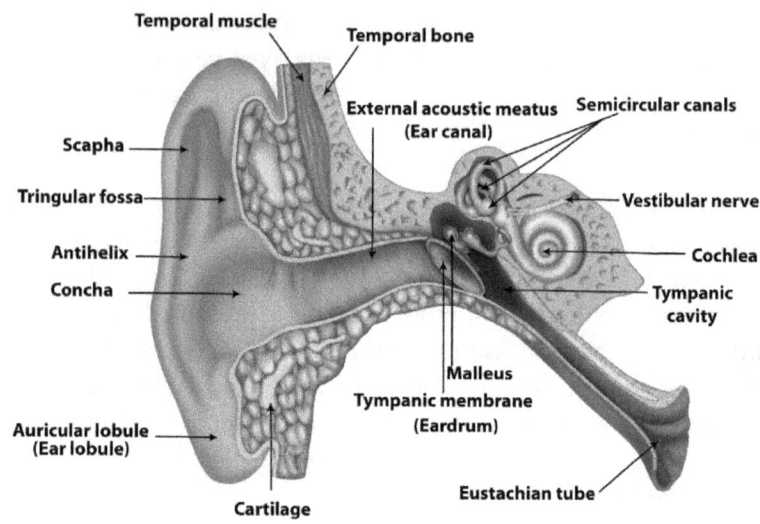

Les oreilles:

Les oreilles sont la représentation de l'audition. Le type de problème que vous rencontrez avec les oreilles vous donnera une idée du problème que vous rencontrez dans votre audition. Cela peut être d'écouter des conseils de soi-même ou de l'autrui. Nous pouvons être un peuple très têtu. Nos guides essaient constamment de nous parler. Plusieurs fois, quand je regarde de manière éthérée quelqu'un en utilisant ma vision du troisième œil, je vois des guides et des anges rassemblés juste contre l'une des oreilles de la personne essayant très fort de se faire entendre. On m'a dit à plusieurs reprises que nous devons écouter avec des oreilles différentes et voir avec des yeux différents. Cela signifie que nous devons écouter et voir au travers de nos capteurs internes, ceux qui n'ont rien à voir avec leurs homologues physiques. Ces capacités analogues sont utilisées pour livrer les messages. Elles nous munissent de grands symboles pour les dits messages.

De la difficulté à entendre ou perte de l'audition - Qu'est-ce que vous ne voulez pas entendre? Cela peut être maintenant ou dans le passé, selon le côté (gauche, passé, droite, maintenant). Cela peut aussi être une résistance à entendre votre guide intérieur. D'autres significations peuvent encore être que vous ne voulez pas écouter les autres ou que vous n'aimez pas vous faire dire quoi faire. (Personnellement, je suis coupable de ce cas de figure.)

Des démangeaisons ou sensations de brûlure dans les oreilles - c'est un irritant pour les oreilles et peut être négatif ou ne pas vouloir entendre quelque chose (peut-être que quelque chose est très irritant) dans le passé ou maintenant, selon son oreille. Un conflit dans ce que vous entendez. Peut-être que ce que quelqu'un vous dit n'est pas en accord avec ce que vous savez ou voyez.

Une Sonnerie dans les oreilles (acouphènes) - un besoin d'ajustement de fréquence - un appel pour augmenter votre fréquence. Vous pouvez soit demander une baisse de votre énergie, soit d'élever votre propre vibration pour syntoniser. Vous élevez vos vibrations en pensant à de légères pensées vibrantes. "Je suis Dieu" ou "Légèreté, légèreté" ou "Montez, montez, montez" sont de bons mots pour alléger votre énergie. Inversement, vous pouvez demander de baisser l'énergie en regardant un cadran éthérique et vous voir l'abaisser jusqu'à ce que la sonnerie cesse. J'ai décidé d'expérimenter cela après avoir appris qu'il s'agissait d'un ajustement de fréquence à effectuer. La fois suivante où j'ai eu des sons dans mes oreilles (c'est généralement mon oreille gauche, mais pas toujours), j'ai décidé de penser à des pensées inspirantes telles que "Je suis Dieu" ou "Montez, montez, montez". Je pensais peut-être que j'entendrais quelque chose dans la sonnerie, mais cela ne s'est pas encore produit. Elle disparait et je suppose que j'ai un peu augmenté ma fréquence.

L'odorat - Le nez:

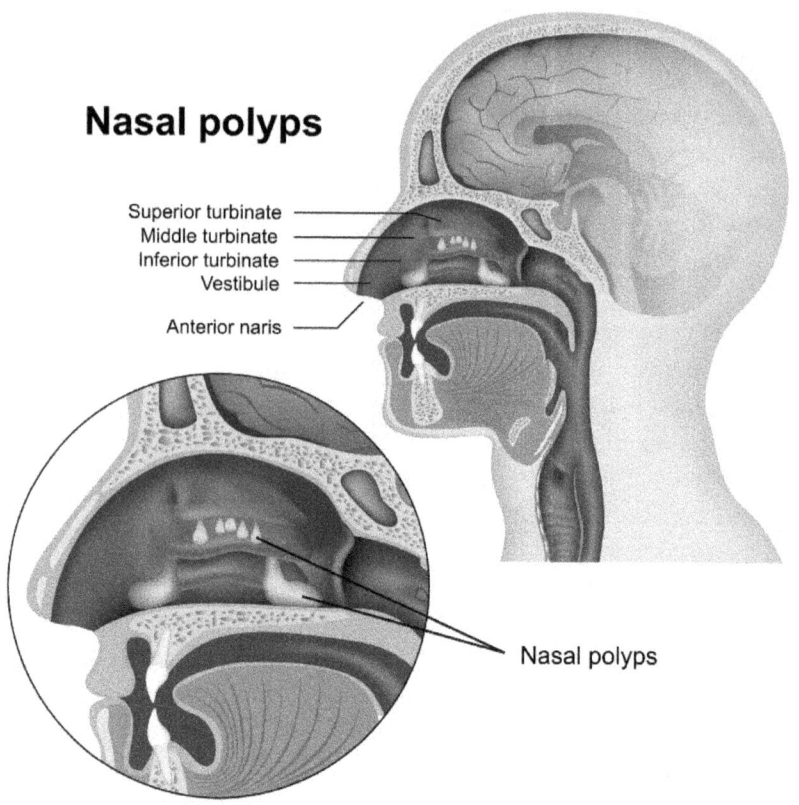

Toute chose concernant le nez indique quelque chose positionné juste en face de vous. "Cela se voit comme le nez au milieu de la figure" - c'est quelque chose d'aussi proche - cela ne peut pas être plus proche, pour être vu par vous. "C'est juste devant ton nez."

Une autre signification peut être "de mettre le nez où il n'a rien à y faire" - entrer dans les affaires des autres. C'est quelque chose de très proche de vous, c'est pour cela que c'est juste dans votre visage.

Un exemple que Dolores a eu dans une séance est cette personne qui, dans une autre vie, avait créé des potions odorantes d'herbes et de plantes. Dans sa vie actuelle, quand elle était jeune et en mauvaise santé, sa grand-mère avait appliqué un cataplasme d'herbes pour l'aider à guérir.

L'odeur avait apparemment rappelé des souvenirs de ces odeurs horribles de cette autre vie. Parce que ces odeurs désagréables réveillaient des souvenirs, son odorat disparut complètement. Une fois que l'information a été trouvée quant à l'origine même de cette odeur, la sensibilité aux odeurs était restée dans l'autre vie, afin que son sens de l'odorat puisse revenir dans sa vie présente.

Un autre exemple de message transmis par le nez: Une fois, j'ai vu un vieil ami et il avait un pansement sur le nez.

Je lui ai demandé ce qui s'était passé, et il a dit qu'il s'était fait enlever une sorte de cancer de la peau. Cette personne était très fatiguée par son métier dans sa vie actuelle. Il savait qu'il avait besoin de faire des changements et à ce moment précis, il ne les avait pas encore faits. J'ai reçu un message indiquant que la situation était "clairement devant son nez", il aurait donc dû la regarder et y apporter des changements, et que la solution était "aussi claire que le nez au milieu de la figure." Il a déclaré qu'il avait une solution, mais il ne serait pas en mesure de la mettre en œuvre avant quelques mois. Je suis sûre qu'une fois qu'il avait commencé à agir sur ce nouveau plan, ses problèmes seraient résolus.

Une fois le message reçu, compris et mis en pratique, le message n'est plus nécessaire.

Chapitre 18

Le système urinaire

Le système urinaire:

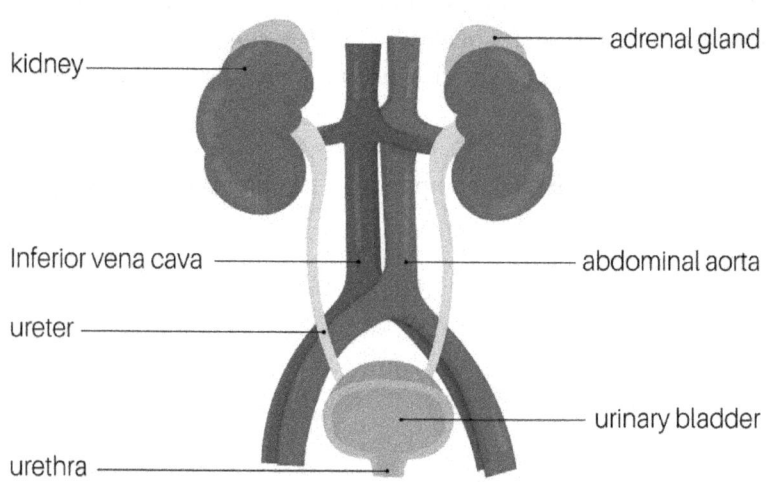

Les **reins** sont essentiels dans le système urinaire et servent également comme fonctions homéostatiques telles que pour la régulation des électrolytes, le maintien de l'équilibre acido-basique et la régulation de la pression artérielle (par le maintien de l'équilibre salin et hydrique). Ils servent le corps comme filtre naturels du sang et éliminent les déchets qui sont ensuite déviés vers la vessie. En produisant de l'urine, les reins excrètent des déchets tels que l'urée et l'ammonium; les reins sont également responsables de la réabsorption de l'eau, du glucose et des acides aminés. Les reins produisent également des hormones, notamment le calcitriol, l'érythropoïétine et l'enzyme rénine.

Chaque rein excrète l'urine dans l'uretère, lui-même une structure jumelée qui se vide dans la vessie.

La vessie est l'organe qui collecte l'urine excrétée par les reins avant leur évacuation par miction.

Le système urinaire est principalement utilisé pour éliminer les déchets du corps et en maintenir l'équilibre. Si des déchets étaient laissés à l'interieur, et pouvaient s'y accumuler, ce serait comme laisser des ordures qui s'accumulent dans votre maison. Cela sentirait comme à ses débuts et continuerait à se dégrader, ce qui formerait des gaz toxiques qui pourraient potentiellement nuire à votre existence même. Les reins filtrent tout le sang qui circule dans le corps, donc je vois cela comme une forme de discernement. Les reins maintiennent le corps en équilibre tandis que le discernement peut aider à garder votre vie en équilibre. Ils sont utilisés pour "filtrer" les choses et les situations qui ne vous conviennent pas.

Si quelque chose ne va pas bien dans ce système (reins, vessie, uretères, etc.), cela peut indiquer un problème avec la nécessité d'abandonner une situation toxique ou une forme de gaspillage dans votre vie. Étant donné que ce système ou ces organes traitent des déchets et des toxines comme le colon et le foie, il y aura des significations similaires. Si le problème que vous avez avec l'un de ces organes est lié à la fréquence de la libération (en d'autres termes, une miction fréquente ou une diarrhée pour le colon), le problème consisterait au désir de retirer quelque chose de votre vie. Vous désirez vraiment vous libérer de cette situation toxique. Vous savez qu'elle n'est pas bonne ou saine pour vous et vous essayez d'en sortir. Le contraire est vrai aussi, si vous éprouvez des symptômes d'incapacité à "aller à la selle", alors le message est que vous essayez de conserver une situation toxique ou malsaine. S'il s'agit d'une infection, c'est encore une fois de ne pas relâcher ce qui doit être jeté, et cela vous montre que ceci n'est pas compatible avec vous-même et votre vie présente. Les messages sont bruyants et clairs sur le fait que la situation dans laquelle vous vous maintenez et dont vous ne voulez pas vous libérer, est très malsaine pour vous.

Des Troubles rénaux / hépatiques - Tout d'abord, débarrassez le corps des toxines / poisons mortels. Deuxièmement, qu'est-ce que vous essayez de sortir de votre vie? Qu'est-ce qui empoisonne votre vie?

Chapitre 19

Les chakras

Je recevais le suivi d'un traitement pour un traitemenet regardant mon atlas profilaxis pendant un de mes voyages en Angleterre. Un AtlasPROfilax® est un massage stratégique et non chiropratique appliqué à la musculature courte du cou des tissus mous qui maintiennent l'Atlas en place. Son but est de remettre en place en toute sécurité et de manière permanente l'os Atlas en une seule procédure. Les anciens modèles sont clairs et le système entier commence à fonctionner dans son plein potentiel. La méthode révolutionnaire a été développée par R. C. Schumperli entre 1993 et 1996. Ce n'est pas pour tout le monde. Cela a résonné avec moi et je me suis sentie attirée par cette procédure. Au cours de celle-ci, des problèmes résiduels ont été constatés dans la région du milieu du dos et de la colonne vertébrale. Comme je suis toujours à la recherche du message sous-jacent pour tout ce qui se passe en moi, alors naturellement, j'ai commencé à "me" poser la question de ce que cette région représentait. Celle-ci est une zone du dos qui m'avait échappée. J'ai reçu des messages pour le bas et le haut du dos, mais jusqu'à présent, rien pour le milieu du dos. En demandant ce que cela pouvait bien être, j'ai reçu le message: "Souviens-toi des chakras". Alors, j'ai commencé à réfléchir, quel chakra se trouve là? Puis j'ai réalisé que le chakra du plexus solaire est directement en face de cette section du dos. On m'a alors rappelé que ce chakra concerne le pouvoir personnel de chacun. Alors, comme je l'ai pensé, on m'a dit que c'était une question d'entrer dans mon pouvoir personnel, et que j'y résistais. Cela tombait tellement sous le sens! On m'a alors dit que je devais incorporer la notion des chakras dans ce livre car ils jouent un rôle très important dans la compréhension des messages livrés par le corps.

Je ne m'y connais pas très bien dans les chakras. Je connais le sept de base, de quelle couleur ils sont et à peu près chacun ce qu'ils représentent. J'ai donc dû faire des recherches si je me devais d'écrire quelque chose d'intelligent sur le sujet. J'ai regardé tout ce que je pouvais trouver sur Internet afin de pouvoir faire la lumière dessus et comprendre comment les chakras entrent dans ce processus de penser et de guérison. Je sais qu'il est important que les chakras soient en équilibre et en rotation, mais qu'elles en sont leurs réelles significations?

J'ai été stupéfaite par ce que j'ai découvert. Cela m'étonne d'observer à tel point comment tout cela est étroitement lié. J'ai trouvé des sites qui décomposaient les informations pour chaque chakra de manière à montrer quelles parties du corps ils affectent et quels dysfonctionnements physiques vous pourriez observer quand ils sont en déséquilibre. Je vais vous montrer dans une minute ce que je veux dire par là, mais pour le moment je vais vous donner quelques informations de base sur ce qu'est un chakra, et ce qu'il fait.

L'étude des chakras est très ancienne. Ils sont tout d'abord mentionnés dans les Vedas, anciens textes de connaissance hindous. Le sujet peut en être très détaillé et compliqué, mais nous n'avons pas besoin ici de beaucoup d'informations pour en comprendre leurs rôles. Si vous souhaitez approfondir cette question, ils existent de nombreux cours sur ce sujet vous fournissant d'innombrables informations.

Comme défini dans About.com - "Holistic Healing" (guérison holistique) par Phylameana Lila Desy:

Les chakras sont nos centres d'énergie. Ils sont les ouvertures par lesquelles l'énergie vitale coule au sein de, et hors de notre aura. Leur fonction est de vitaliser le corps physique et de provoquer le développement de notre conscience du soi. Ils sont associés à toutes nos interactions physiques, mentales et émotionnelles. Il y a sept chakras majeurs. Le premier (racine) est en réalité en dehors de votre corps. Il est situé entre le haut de vos cuisses, à peu près à mi-chemin entre vos genoux et votre corps physique. Le septième chakra (couronne) est situé sur le dessus de votre tête. Les chakras restants (sacral, plexus solaire, cœur, gorge et troisième œil) sont alignés en séquence le long de la colonne vertébrale, du cou et du crâne. Les chakras ressemblent à des entonnoirs avec des ouvertures ressemblant à des pétales. Les chakras sont invisibles à l'œil humain, mais ils peuvent être perçus intuitivement par des travailleurs formés sur les énergies.

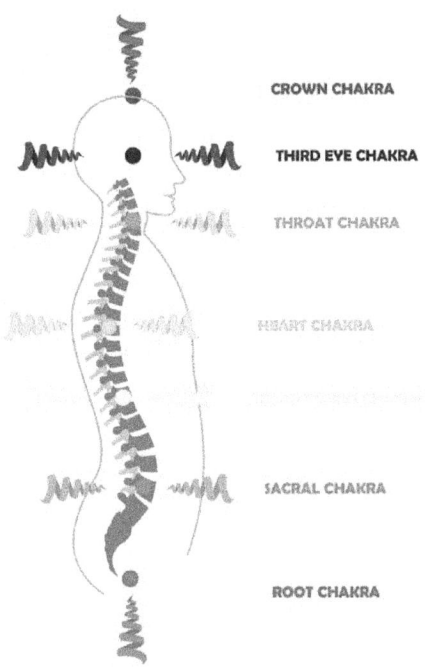

L'aura est le champ énergétique autour de chaque individu. Nous avons tous ces champs d'énergie et ces chakras sont les différents points par lesquels l'énergie entre et sort. Lorsque vous êtes malade ou que vous avez peu d'énergie, il est certain qu'un ou plusieurs de vos chakras ne fonctionnent pas à leur capacité optimale. Ce n'est pas la maladie qui a causé cela, mais plutôt le faible débit d'énergie, quelle qu'en soit la raison. Il y a beaucoup de choses qui peuvent causer une réduction du flux d'énergie et j'en discuterai un peu plus tard dans ce chapitre.

Heather Stuart a ceci à dire dans son livre, "How to Hear Source in the Supermarket." (Comment entendre Source dans le supermarché - non traduit en français):

Si vos chakras sont désalignés ou obstrués, il existe généralement des symptômes physiques qui accompagnent ces déséquilibres. Ces déséquilibres peuvent se développer temporairement ou devenir chroniques. Ils peuvent provenir de situations actuelles, de la famille, de la culture, des vies passées ou d'autres vieux bagages auxquels vous êtes toujours attachés. Votre chakra peut être déficient ou trop actif. Pensez à une personne déprimée qui a des épaules affaissées - leur chakra du cœur peut être sous-actif ou fermé. Ou penser encore à une personne qui parle trop ou n'écoute jamais, leur chakra de la gorge peut être en excès ou trop actif.

Crystalinks.com (site de métaphysique et de science) nous dit ceci sur les chakras.

Chakra signifie roue en sanskrit. La conscience et l'énergie passent d'une fréquence à une autre en spirale. Le corps a des centres d'énergie qui ressemblent à des roues et sont appelés chakras. Ils permettent à l'énergie de circuler d'une partie du corps à l'autre. Comme pour toutes les choses de notre réalité, elles sont liées au son, à la lumière et à la couleur. Guérir, c'est aligner et équilibrer les chakras et ensuite comprendre la nature de la création et votre raison d'être en son sein.

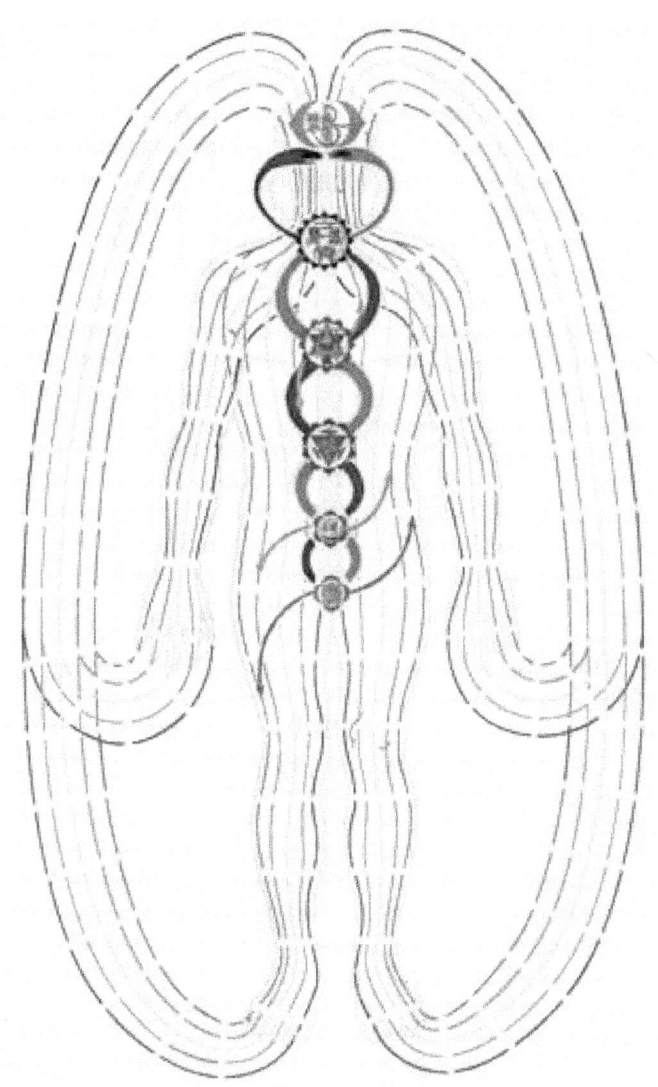

Comme vous pouvez le voir, il est très important de s'engager dans ce processus. Parfois, c'est comme de devenir un détective, et de déterminer ce que chaque chose essaie de vous dire.

Par reiki-for-holistic-health.com:
Les chakras tournent et vibrent constamment. Les activités en leur sein influencent: la forme du corps, les processus glandulaires, les maladies physiques chroniques, les pensées et comportement. Lorsqu'un (ou plusieurs) des chakras est bloqué et que l'énergie ne

circule pas harmonieusement au travers d'eux, ou qu'il soit largement ouvert, cela entraînera un déséquilibre qui se manifestera dans tous les domaines de la vie. Chaque chakra est exprimé sur le corps physique par l'une des glandes endocrines qui régularisent les processus physiques et émotionnels dans le corps. Le déséquilibre dans le chakra sera également exprimé dans la glande endocrine qui lui est liée.

C'est la partie que j'ai trouvée si fascinante. Chacun des chakras est couplé à l'une des glandes endocrines associées à différentes parties du corps et à différentes fonctions physiques. Nous savions que certaines parties des corps donnaient des messages, mais maintenant nous pouvons relier les chakras et le système endocrinien aux mêmes messages. Cela donne de la validité à tout ce système de messagerie!

Il y a sept chakras principaux situés le long de la ligne centrale du corps, de la base de la colonne vertébrale jusqu'au sommet de la tête.

* - Le premier chakra ou chakra racine (rouge)

> Ce chakra est situé à la base de la colonne vertébrale et a pour thème central: la survie, la stabilité, l'acceptation, la préservation du soi, l'enracinement profond, la perception, le fondement, la peur et la sécurité. Le chakra racine est fortement lié à notre contact avec la Terre, ce qui nous permet d'être ancré dans le plan terrestre. C'est aussi le centre de la manifestation. Lorsque vous essayez de faire bouger les choses dans le monde matériel, les affaires ou les possessions matérielles, l'énergie pour réussir ceci viendra de ce premier chakra. Les parties du corps liées à ce chakra racine comprennent les hanches, les jambes, le bas du dos et les organes sexuels (hommes). Les glandes endocrines associées sont les glandes sexuelles et surrénales.
>
> Les dysfonctionnements physiques associés au déséquilibre de ce chakra sont: maladies fréquentes, troubles intestinaux, gros intestin, problèmes de jambes, de pieds, de base de la colonne vertébrale (lombalgie chronique, sciatique), troubles de l'alimentation, peur, anxiété, insécurité et, frustrations. Des

problèmes tels que l'obésité, l'anorexie mentale et des problèmes de genou peuvent également survenir par cette zone.

Les messages possibles venant de ce chakra pourraient être: base de la colonne vertébrale = base du problème; la stabilité. Jambes et pieds = enracinement profond; peur de bouger; incapacité à s'enraciner. Problèmes du gros intestin / troubles alimentaires = acceptation; survie; tenir à ou besoin d'éliminer quelque chose de sa vie.

* - Le deuxième ou chakra sacré (orange)

Ce chakra se situe à deux pouces au-dessous du nombril et a pour thème central: la sexualité (hommes et femmes), les émotions, les finances, la créativité, les codes d'honneur et d'éthique. Il gouverne pour les gens le sentiment de confiance en soi, leur confiance dans leur propre créativité et leur capacité à communiquer avec autrui de manière ouverte et amicale. Les parties du corps de ce chakra comprennent les organes sexuels (des femmes), les reins, la vessie et le gros intestin. La glande endocrine qui y est associée en est le pancréas.

Les dysfonctionnements physiques associés au déséquilibre ou au blocage de ce chakra sont: les dysfonctionnements sexuels; des dysfonctionnements des organes reproducteurs, de la rate, du système urinaire; perte d'appétit pour la nourriture, le sexe, la vie; lombalgie chronique, sciatique; se sentir émotionnellement explosif ou manipulateur; faiblesse rénale; constipation; et des spasmes musculaires.

L'abdomen est l'endroit où nous avons tendance à retenir nos émotions – elles se bloquent et créent des problèmes intestinaux. Les reins, les intestins, la vessie sont tous utilisés pour éliminer les déchets et les toxines de l'organisme. Les dysfonctionnements indiquent ici le désir de se débarrasser d'une situation toxique ou d'un type de toxicité dans la vie. La constipation est révélatrice de la persistance d'une situation et de l'impossibilité du lâcher prise.

* - Le troisième Chakra ou plexus solaire (jaune)

Ce chakra est situé à deux pouces sous le sternum dans le centre, derrière le ventre. Le troisième chakra est le centre du pouvoir personnel, la place de l'ego, des passions, des impulsions, de la colère et de la force. Les parties du corps couvertes par ce chakra comprennent l'estomac, le foie, la vésicule biliaire, le pancréas et l'intestin grêle. Les glandes endocrines qui lui sont associées sont le pancréas et les surrénales.

Lorsque ce chakra est déséquilibré ou bloqué, vous pouvez manquer de confiance en vous-même, être confus, trop vous soucier de ce que les autres pensent, sentir que les autres contrôlent votre vie et être déprimé. Les problèmes physiques peuvent inclure des difficultés digestives, des problèmes de colon et d'intestin, l'anorexie ou la boulimie, la pancréatite, des problèmes de foie, du diabète, un épuisement nerveux, et des allergies alimentaires.

Encore une fois, étant donné que nous sommes dans la région abdominale où nous portons et maintenons nos émotions, les messages pourraient porter également sur la libération des émotions ressenties dans cette zone. Aussi, pour entrer dans votre plein pouvoir personnel et ne pas le donner. La douleur au milieu du dos peut représenter un conflit au sein de votre perception propre de votre pouvoir personnel.

* - Le quatrième chakra ou chakra coeur (vert)

Ce chakra est situé derrière le sternum à l'avant et sur la colonne vertébrale entre les omoplates à l'arrière. C'est le centre ou le siège de nos émotions. C'est le centre de l'amour, de la compassion et de la spiritualité. Ce centre dirige la capacité de s'aimer soi-même et d'aider les autres, de donner et de recevoir de l'amour. C'est aussi le chakra qui relie le corps et l'intelligence à l'esprit. Les parties du corps liées à ce chakra incluent le cœur, les poumons, le système circulatoire, les épaules et le haut du dos. La glande endocrine qui y est associée est la glande du Thymus.

Quand ce chakra est déséquilibré ou bloqué, vous pouvez vous sentir désolé, paranoïaque, indécis, avoir peur de vous lâcher, avoir peur de vous sentir blessé ou indigne d'être aimé. Certains des dysfonctionnements physiques associés à cette situation déséquilibrée sont: troubles du cœur, des poumons, du thymus, du sein, des bras, asthme, allergie, problèmes de circulation, déficience du système immunitaire et tension entre les omoplates.

Le coeur est le siège des émotions et où nous ressentons l'amour. Les problèmes avec le cœur indiquent un manque d'amour dans la vie ou un manque d'amour pour la vie. Les poumons sont dans cette région et indiquent une peur de vivre la vie. Les poumons représentent le souffle de la vie, donc les problèmes dans cette région peuvent indiquer une restriction dans la vie. Le type de problème donnera une indication de ce qu'est le message. Il y a beaucoup de peur quand les poumons sont concernés.

* - Le cinquième chakra ou chakra gorge (bleu)

Ce cinquième chakra est situé dans la partie inférieure de la clavicule au niveau de la partie inférieure du cou et constitue le centre de communication, du son, et d'expression de la créativité via la pensée, la parole et l'écriture. Les parties du corps du cinquième chakra sont la gorge, le cou, les dents, les oreilles et la glande thyroïde. Les glandes endocrines associées en sont la thyroïde et la parathyroïde.

Lorsque ce chakra est bloqué ou en déséquilibre, vous pouvez resentir le désir de vous retenir, de vous sentir timide, de vous taire, de vous sentir faible ou de ne pas pouvoir exprimer vos pensées. Ses maladies physiques ou affections comprennent: problèmes de thyroïde, otites et problèmes d'oreille, gorge râpeuse, mal de gorge chronique, aphtes, difficultés gingivales, scoliose, laryngite, ganglions enflés, maux de tête, douleurs au cou et aux épaules.

Tout ce qui se passe dans cette zone indique la nécessité de parler ou de verbaliser sa vérité. Il y a quelque chose que vous devez dire, mais vous avez peur de le faire.

* - Le sixième chakra ou du troisième œil (bleu foncé)

Le sixième chakra est situé au-dessus des yeux physiques au centre du front. C'est le centre de la capacité psychique, de l'intuition supérieure, des énergies de l'esprit et de la lumière. Grâce au pouvoir du sixième chakra, vous pouvez recevoir des conseils, canaliser et syntoniser votre Soi Supérieur. Les parties du corps de ce chakra comprennent: les yeux, le visage, le cerveau, le système lymphatique et le système endocrinien. Les glandes endocrines associées sont les glandes pituitaires et pinéales.

Lorsque le sixième chakra est bloqué ou en déséquilibre, vous pouvez vous sentir non assertif, avoir peur du succès ou aller dans le sens contraire et être égoïste. Les symptômes physiques ou les dysfonctionnements incluent: maux de tête; maladie des yeux et des oreilles; problèmes de nez et de sinusite; tumeur au cerveau; troubles neurologiques; des attaques; des difficultés dans ses études.

Cela couvre les yeux et les oreilles qui eux indiquent un désir de ne pas vouloir voir ou entendre quelque chose. De même, le nez, les sinus et le cerveau sont couverts ici, indiquant quelque chose de très proche de vous (peut-être vous-même), appliquant une pression ou des délais. Le cerveau peut représenter de la colère ou du ressentiment à l'égard du développement spirituel et intuitif des autres, ou de votre manque ou de votre retard personnel de croissance, ou de ce auquel vous vous "attendiez" qui se passe, et qui n'arrive pas. S'il vous plaît rappelez-vous, ce n'est pas une course dans le développement spirituel. Nous nous développons tous à notre rythme et avec nos propres dons et capacités.

* Le septième Chakra ou la chakra couronne (violet)

Ce chakra est situé juste derrière sur le haut du crâne. C'est le centre de la spiritualité, de l'illumination, de la pensée dynamique et de l'énergie. Il permet l'écoulement interne de la sagesse et apporte le don de la conscience cosmique.

Lorsque le chakra de la couronne est bloqué ou déséquilibré, il peut y avoir un sentiment constant de frustration, aucune étincelle de joie et des sentiments destructeurs. Les maladies peuvent inclure des migraines et la dépression; ainsi que des troubles énergétiques; tumeurs cérébrales; amnésie; et sensibilité à la lumière, au son et à d'autres facteurs environnementaux.

Chapitre 20

Les accidents

Les accidents ne sont jamais des accidents. Ils sont comme des maladies en ce sens qu'ils essaient de transmettre des messages. Si vous n'entendez pas les messages livrés d'une autre manière, vous trouverez des mesures plus radicales pour vous les faire comprendre. C'est probablement un message important si vous pensez devoir recourir à de telles mesures. Peut-être que vous êtes super "cérébral" et que vous avez besoin de messages plus forts qu'un genre de "tape sur l'épaule."

Regardez les accidents de la même manière que les symptômes dans le corps quant à ce que le message essaie de vous livrer. On m'a dit tout à l'heure de les appeler " message d'incidents" plutôt que des "accidents". Hmmm, c'est intéressant - Cela le dit complètement tel que cela est. Regardez la partie du corps qui est concernée et cela va commencer à vous indiquer vos réponses.

Parmi les différents types d'accidents, il y a les glissades et les chutes, les coupures et les contusions, courir contre des obstacles, et des heurts sur les doigts (et toute autre partie / ies du corps) dans les portes / fenêtres / avec des marteaux. Je sais qu'il y a probablement beaucoup plus de cas de figure auxquels se référer, mais ceux-ci suffiront pour que vous puissiez voir comment fonctionne cette messagerie-là.

Ma toute première pensée en me concentrant sur quelqu'un ou sur moi-même étant en train de glisser sur quelque chose, est de ne pas avoir l'impression d'être sur un terrain solide. "Le sol sous moi est glissant."

Peut-être aussi de ne pas se sentir totalement impliqué dans une certaine ligne de conduite ou une certaine direction.

La chute peut être une perte d'équilibre, ou le sol, ou votre fondation qui ne soit pas stable et vous ne pouvez pas y demeurer. Peut-être que vous ne vous sentez pas en sécurité dans vos décisions. Comme le, "Vous ne savez pas sur quel pied dansé" (ce que vous avancez n'a pas de justification) Wow - Ceci pourrait englober plusieurs choses! Voyez à quel point ces choses sont littérales? Ça m'étonne toujours! Il suffit de regarder ce qui se passe, ou ce qui se passait, au moment de l'incident pour mieux comprendre le message.

Les coupures peuvent indiquer une rupture dans votre barrière. Votre peau est votre protection pour votre corps et maintenant il y a une ouverture. Cela pourrait également représenter un sentiment de vulnérabilité.

Courir en se cognant dans les choses peut vouloir dire de ralentir et de faire attention à votre direction; aux détails; à votre vie en général. "Ils" disent à plusieurs reprises "arrêtez-vous et respirez les roses - apportez-vous plus de joie dans vos vies". Cela pourrait être un tel autre type de message.

Se cogner et fracturer certaines parties du corps est vraiment une de leur tâche très difficile pour attirer votre attention. Comme dans certains messages, "ils" veulent que vous vous arrêtiez et que vous écoutiez. Peut-être que c'est l'un de ces types de messages. Cela pourrait aussi être de ralentir et d'être attentif, comme pour la course dans des objets.

Beaucoup de nos "messages d'incidents" se produisent pendant que nous sommes dans nos automobiles. Si vous y réfléchissez, notre voiture est notre véhicule pour nous amener du point A au point B. Il n'y a pas de grande différence avec ce que notre corps fait pour notre âme. Donc, pas étonnant que nous ayons ainsi des messages livrés de cette façon.

Avoir une collision "à l'arrière" dans votre voiture est probablement un message pour "bouger" de l'avant, "Vous êtes coincé et vous ne bougez pas" - il s'agit simplement de vous faire quitter ce lieu d'indécision ou d'immobilisme. Parfois, nous nous donnons tellement d'options, que nous avons peur de faire un choix et c'est à ce moment-là que nous nous trouvons bloqués. À un tel moment, tout mouvement vaut mieux que pas de mouvement du tout. Une fois que vous commencez à faire bouger les énergies (même si c'est dans une mauvaise direction), vous serez redirigé dans une "bonne" direction car rien ne peut survenir dans un endroit "coincé". J'ai entendu une affirmation il y a plusieurs années qui est demeurée avec moi tout ce temps. Je ne la suis pas toujours, mais je m'en souviens juste en ce moment. La déclaration en est la suivante: "Plutôt que d'essayer de prendre la "bonne" décision, prenez une décision et rendez-la "bonne" ensuite. En d'autres termes, faites quelque chose et avec ce mouvement, vous jugerez de ce qu'il faut faire par la suite. "Nous ne sommes paralysés avec l'indécision que lorsque nous essayons toujours d'être correctes avant de faire quoi que ce soit."

Être touché "de flanc"ou sur un côté quelconque est probablement un message indiquant que vous êtes sorti du chemin battu et que vous devez faire des modifications en vous, ou vous déplacer pour revenir sur les bons rails. Je trouve que beaucoup de messages sont de cette nature. C'est la tâche principale, en mon sens, sur laquelle nous désirons porter le plus notre attention, pour nous-mêmes: c'est un désir de nous maintenir "dans une bonne voie." Si vous remarquez, ce type d'accident n'essaie pas de nous arrêter. Nous essayons simplement de nous faire dévier, indiquant que nous sommes un peu hors du bon chemin, et ainsi, parfois de nous rappeler le besoin de faire des modifications.

Je considérerais une "collision frontale" comme une tentative pour essayer de nous "arrêter", quelque soit notre route.

La gravité de ces "accidents" indiquera l'urgence de faire passer le message. Il est préférable d'obtenir les messages plus tôt que plus tard, car ils deviendront de plus en plus sévères jusqu'à ce que vous les compreniez. J'espère que si plus de personnes comprennent ce système de communication, nous pouvons réduire le besoin de tant de "messages."

Nous pouvons continuer sur cette voie de reflection en ce qui concerne les véhicules étant une extension de nous-même, et nous livrant ces messages. Pensons à d'autres choses qui arrivent à nos véhicules.

Ma première pensée serait "des pneus crevés." Que se passe-t-il lorsque votre voiture a un pneu crevé? Elle ne peut pas bouger. Elle est "coincée." Cela semble être un message généralisé. La droite et la gauche peuvent indiquer des incidents actuels ou passés, tout comme avec le corps. Une "fuite lente" sur le pneu peut indiquer une perte de vitesse ou un mouvement lent vers votre bonne direction.

Quelques autres choses qui arrivent aux voitures: ne pas être en mesure d'en voir la partie avant, en raison de balais d'essuie-glace défectueux; perte de vitesse due à une fuite d'huile; perte d' "adhérence" sur la route et glissade sur route due à des pneus lisses; incapacité à s'arrêter en cas de besoin en raison de freins défectueux ou inexistants; incapacité à "se rendre quelque part" parce que vous êtes à court d'essence; être arrêté et incapable de bouger parce que la transmission "s'est interrompue". La liste peut continuer encore et encore, mais j'espère que vous captez l'idée de l'étroitesse entre ces liens. Il peut être utile de comprendre ce qui se passe dans votre propre corps si vous regardez la voiture puis comparez. De cette manière, vous serez plus objectif, ce qui vous permettra de comprendre les choses plus clairement, avec toute émotion supprimée.

Je me souviens de deux différents clients ayant participé à des sessions avec Dolores. Chacun a eu un "accident" et voulait en connaître la raison. Le bras du premier homme avait été sectionné quand il était à l'école et qu'il avait joué avec des fusées dans un projet scientifique. Il avait été trouvé pendant la session qu'il était très fort dans le sport et était vraiment excellent. Il était si bon qu'il se dirigeait vers le sport professionnel. Ce n'était pas la voie qu'il s'était fixé, donc la meilleure ou la seule façon de se remettre sur la voie de son choix était de supprimer la possibilité d'utiliser ce bras, ce qui l'empêcherait de continuer à faire du sport.

L'autre homme était un multi-millionnaire qui construisait des immeubles de locations en temps partagé dans le monde entier. Il prenait l'avion vers une île éloignée pour vérifier un autre chantier.

Son ami pilotait un petit avion pour deux personnes, et se préparait pour l'atterrissage. Là où l'avion devait atterrir, il se trouvait un fort précipice juste en fin de piste. Il remarqua que son ami en faisait la négociation trop vite et pensa qu'il allait choisir une autre approche, mais il ne l'a pas fait. Éprouvant de la nervosité tendue au volant, il amorça la descente et a dépassé le flanc de la montagne au-delà de la piste. Le pilote a été tué et ce client s'est trouvé paralysé à partir de la taille. Il avait du rester à l'hôpital pendant plusieurs mois et pendant ce temps, il n'avait pas été en mesure de gérer son entreprise et avait perdu toutes ses biens. Au cours de sa session, le subconscient a déclaré qu'il était en train de suivre une voie de matérialisme et ce n'était pas son plan de vie. Il était censé de travailler sur sa spiritualité et il ne l'aurait jamais fait s'il avait continué dans l'autre voie.

Dans un autre cas, un homme a été tabassé et poignardé dans une ruelle et laissé là pour mort. Il s'est traîné jusqu'à la rue où il a été redécouvert et emmené à l'hôpital. Il voulait savoir pourquoi cela s'était passé et lors de sa séance avec Dolores, son Subconscient a déclaré que c'était ses meilleurs amis du côté des esprits qui avaient accepté de le ramener "sur la bonne voie" s'il s'en éloignait.

Ceci sont des exemples extrêmes, mais ils nous aident à comprendre comment VOUS allez intervenir si cela est nécessaire. Il y a beaucoup de choses à apprendre et à expérimenter dans ce processus, et il s'agit donc toujours d'une opportunité de croissance. Encore une fois, il faut tout examiner en retirant toutes émotions. S'il est vraiment important que vous preniez une autre décision, vous ferez probablement tout ce qui est en votre pouvoir pour que cela se produise. Il y avait probablement beaucoup d'autres messages et opportunités avant ces événements qui avaient été donnés, mais qui avaient été ignorés ou non compris. Je crois qu'il y a des points de "non-retour" pendant lesquels des actions doivent être entreprises pour vous remettre sur le bon chemin ou cela devient une opportunité de vie complètement perdue.

Chapitre 21

Le processus

Nous voilà arrivés. C'est le lieu où je vous raconte les secrets de la réalisation de tout ce travail. Comme je l'ai mentionné tout au long de ce livre, il n'y a pas une seule réponse ou une seule façon d'y parvenir. Je vais vous donner ce qui a fonctionné pour moi et ce que l'on m'a dit mais "ils" m'ont dit tellement de fois que le plus important est de faire ce travail pour vous-même, avec vous-même. C'est un voyage très personnel. Chaque personne trouve ses propres moyens de livrer ses propres messages. Comme je l'ai dit, il existe de nombreuses similitudes et constantes dans le langage symbolique, mais vous seul saurez, ce que votre propre language signifie, pour vous. C'est le système de guidage que vous définissez vous-même, il est donc dans votre intérêt de déterminer ce que VOUS essayez de VOUS dire.

La meilleure façon de faire est de demander. Jusqu'à ce que vous puissiez parler directement à votre moi supérieur, parlez à votre corps pour voir ce qu'il essaie de vous dire. Cela peut représenter une réponse de base, mais ce sera quelque chose qui vous fera avancer dans la direction de la compréhension. L'essentiel est que vous cherchiez à l'intérieur vos réponses. Vos réponses ne sont pas en dehors de vous-même. Vous avez TOUTES les réponses; vous ne le croyez pas. Vous avez besoin de preuves et encore de preuves supplémentaires. Cette preuve ne viendra que lorsque vous commencerez à amorcer le processus. J'ai dit à plusieurs reprises qu'il s'agissait d'un tel processus. Cela signifie que ce n'est pas une chose ou une action qui en est la réponse. C'est une accumulation d'actions et de choses qui vous poussent à vos réponses et à votre guérison ultime. Rappelez-vous que le seul objectif du corps qui délivre les messages, est de les faire livrer, et de vous les faire comprendre. Une fois que cela a été accompli et mis en œuvre, il n'est plus nécessaire de livrer le message. Ainsi, quel que soit le mal, la douleur ou le symptôme utilisé pour délivrer ce message, le message disparaîtra maintenant, car il n'y a plus de raison pour lui ou de besoin.

Je sais que cela semble simpliste et peut être difficile à croire, mais souvenez-vous que l'Univers n'est pas compliqué, alors pourquoi espérez-vous autre chose que de la simplicité?

Le processus consiste à poser les questions. Si vous voulez savoir quelque chose, vous posez une question. Bien souvent, une réponse à une question peut mener à une autre question, etc. Les questions sont très importantes. C'est vrai dans tout ce que vous faites. La question dicte le niveau d'information donné dans la réponse.

Au début, il est plus facile et probablement plus tangible de parler à votre corps. Dans un chapitre précédent, j'ai mentionné à quel point le corps aime lorsque vous lui prêtez attention et que vous lui parlez. Envoyer des messages d'amour à votre corps est une chose très salutaire. Apprécier les parties du corps pour le travail qu'elles font pour vous, et répétez leur, que vous les aimez. Le corps répond magnifiquement à tout message de ce calibre. Vous êtes la voix de Dieu et il fera ce que vous lui demandrez ou lui direz. C'est votre serviteur très volontaire - il est là pour vous servir de la meilleure façon possible. Il ne peut que faire le travail qu'il est autorisé à faire et de la manière que cela lui est donné. Il sera plus difficile d'obtenir qu'il vous aide si vous le traitez d'une manière malsaine. C'est votre maison - à quel point la respectez-vous? C'est une machine finement conçue pour durer très longtemps et se soigner si nous ne faisons pas d'interférences. Vos mots sont très puissants. Le corps écoute toujours et fera ce que vous lui dites. Faites attention à ce que vous lui dites. J'ai entendu quelqu'un parler aujourd'hui de la façon dont son nez "coule tout le temps." Je sais que cela ne lui est jamais venu à l'esprit qu'elle maintiendrait cette situation parce qu'elle répétait cette affirmation. Je suis sûre que cela a commencé innocemment par son corps qui essayait de délivrer un message concernant la pression de ses sinus et son nez qui coulait. Elle ne cherchait pas un message (car elle ne connaissait pas ce système de messagerie secret), juste de trouver un moyen pour arrêter ces symptômes, alors elle prenait des médicaments. Comme elle n'avait pas compris le message sous-jacent, et qu'elle n'a pas agi sur ce qui lui était transmis, les symptômes ont continué. Parce que les symptômes ont continué, elle dit: "Mon nez est toujours en train de couler." Parce qu'elle répète: "Mon nez coule toujours", son corps écoute. Et étant le serviteur toujours vigilant qu'il est, il dit: "Votre souhait est mon commandement!" Faites attention à vos pensées et à vos paroles! Elles sont très puissantes en ce sens que nos pensées créent toujours notre réalité, et nos corps écoutent et font toujours exactement ce que nous disons. Beaucoup de gens disent:" J'ai un rhume chaque hiver. "Le corps répond: "OK - Je vais te donner un rhume cet hiver parce que tu me l'as demandé." Et, vous, vous aurez un rhume chaque hiver."

Cela pourrait vous aider à considérer votre corps comme étant votre voiture préférée dans le monde entier. Une pour laquelle vous avez économisé tout votre argent pour l'acheter et est maintenant devenue votre possession la plus chère. Par respect pour vous-même, vous vous traiterez d'une autre manière. En ce qui concerne l'âme voyageant de corps en corps à travers les vies, cela peut sembler un corps jetable, mais à cette personnalité-ci, appelée "vous", c'est le seul corps que vous avez cette fois-ci. Ceci est celui que vous vous êtes finement réglé pour vous-même, et que vous connaissez. C'est le corps par lequel votre âme vous parle maintenant. S'il vous plaît, respectez-le et écoutez-le quand il parle.

Donc, la première étape consiste à pénétrer dans un lieu tranquille en soi. Il peut s'agir d'une méditation, lors de la conduite en voiture sans bruit extérieur, ou en prenant un bon bain chaud, ou encore, lorsque vous êtes dans cet endroit tranquille juste avant de vous endormir pour la nuit. L'essentiel est de parvenir à un endroit où il n'y a pas ou peu de bruit et pas de distraction. Parlez à la partie du corps qui a des problèmes. Si c'est le genou, parlez au genou. Dites: "Qu'est-ce que tu essaies de me dire?" "Que veux-tu que je sache?"

Quelque soit ce que vous entendez (même si cela n'a aucun sens) sera votre réponse. Faites confiance à la toute première chose qui vous viendra à l'esprit. Cela peut venir comme un tout petit son. Et ce son est comme un murmure dans votre tête - ce ne sera pas un son physique que vous entendrez en dehors de vous-même. Vous pouvez également obtenir un visuel d'une réponse ou vous pouvez obtenir une reconnaissance de quelque chose. En d'autres termes, vous pouvez voir une image que vous devez évaluer et traduire pour en obtenir la réponse. Savoir est quand vous savez simplement quelque chose. Vous ne savez pas pourquoi ni comment vous le savez; vous savez simplement que vous savez. C'est très bien. Nos capacités à recevoir des informations se présentent sous différentes formes. Il n'existe pas une seule façon qui soit la bonne. La chose principale que je puisse vous dire à ce sujet est de FAIRE CONFIANCE à ce que vous entendez (ou voyez, ou sentez que vous savez, etc.).

Donc, la première étape consiste à demander, puis à recevoir et à faire confiance en la réponse reçue. Les chapitres précédents sur les différentes parties du corps et les messages qu'ils signifient aideront à donner des indications sur ce que l'on essaie de vous dire. Ce n'est pas grave si vous ne recevez pas de réponse tout de suite. C'est le début du processus, et votre corps n'est pas habitué à vous parler, alors soyez patient. Votre âme trouvera également d'autres moyens de vous répondre. Cela peut également venir de quelqu'un qui vous dit quelque chose, ou un livre qui s'est ouvert à une certaine page, ou la radio ou la télévision qui peut donner des informations. La principale chose à accomplir à ce stade est d'essayer d'entrer en vous-même et d'écouter.

Une fois que vous avez reçu une réponse, ou même si vous n'avez pas tout compris, vous pouvez maintenant avoir une conversation avec cette partie de vous-même. Disons qu'il s'agit de votre genou et votre message est que vous êtes indécis concernant vos options d'idées pour changer de cap. Une fois que vous comprenez cela comme étant un message vous concernant, vous pouvez parler au genou et le remercier d'avoir fait son travail d'une manière si belle; et que maintenant vous comprenez, que vous prenez une décision et que vous vous engagez dans la direction décidée. Cette étape pourrait être appelée "message livré et compris."

Ensuite, vous devez prendre des mesures. C'est une chose de dire que vous comprenez et avez pris une décision. Il est tout à fait différent de prendre les mesures nécessaires pour vous engager dans la nouvelle direction. C'est l'étape d'action. Vous devez vous mettre en action ou il ne sera pas compris que le message a été livré.

Je ressens le besoin d'admettre que celle-ci est une planète de libre arbitre et que vous n'êtes pas obliger de faire ce que votre âme veut que vous fassiez. Mais rappelez-vous s'il vous plaît que votre âme est celle avec la vision globale et qui peut voir la totalité de l'image de ce que vous êtes venu ici pour apprendre et réussir. C'est le système de communication que vous avez mis en place pour vous aider dans ce labyrinthe appelé la vie. Vous pouvez choisir de ne pas écouter et de tout faire à votre façon, mais vous comprendrez que votre corps est alors désynchronisé et peut présenter des problèmes de santé et des symptômes majeurs, car il s'agit de l'un de ses principaux rôles et accords pour lequel il s'est engagé lorsqu'il est devenu votre corps. Je ne pense pas que vous seriez en train de lire ce livre si tel est votre état d'esprit, alors je ne suis pas sûre de savoir pourquoi m'ont-"ils" obligés à inclure ceci ici. Je ne clame pas connaître toutes les réponses. Posez vos propres questions pour en trouver les significations par vous-même.

Une fois que vous êtes fermement sur votre nouvelle voie, vos symptômes disparaitront. Lorsque vous n'avez plus besoin de recevoir le message, le message disparaîtra.

Parfois, le message peut provenir d'un événement d'une autre vie. Il y a des similitudes ou des raisons pour que cela vous apparaisse maintenant. Vous devez parfois utiliser des compétences d'investigation et de détective, Mais cela fait également partie du processus. Il peut être très bénéfique d'avoir une séance de QHHT avec un des nombreux praticiens formés. La clef est d'arriver à la source de la situation. Une fois que vous y êtes, le reste se mettra en place car il est très difficile de revenir en arrière ou de désapprendre quelque chose une fois que vous avez franchi cette étape.

Je vais vous répéter les étapes maintenant:

1. Demandez à votre corps ou à votre Moi supérieur ce qu'il essaie de vous dire.
2. Écoutez la réponse.

3. Reconnaissez-la et soyez reconnaissant pour cette réponse.
4. Agissez sur les informations reçues.
5. Profitez de votre nouvelle ligne de conduite dans votre vie sans symptômes!

Comme je le disais précédemment, les étapes sont simples et faciles, mais parfois, lorsque quelque chose est vu comme étant si simple, il s'en trouve dévalué. Cela fonctionne absolument parfaitement si vous en suivez la procédure. Lorsque vous vous sentirez à l'aise en conversant avec votre corps, vous constaterez que la communication peut et continuera à se faire d'une autre manière et vous constaterez très rapidement que vous parlez directement avec votre moi supérieur. À un moment donné, il est facile de poursuivre une conversation. Il suffit de faire confiance à ce que vous recevez. C'est toujours positif car cette partie de vous-même possède toujours la meilleure intention à cœur. Tout ce que vous pouvez recevoir qui ne soit pas du plus élevé serait éventuellement votre peur. Veuillez vous reporter au chapitre sur la peur pour bien comprendre comment cette énergie se manifeste. C'est tout créé par vous-même et vous n'avez jamais rien à craindre. C'est tout et toujours pour votre plus grand bien.

Chapître 22

Les messages du corps - Un guide de référence rapide

Voici une liste de maladies très courantes et de très brèves descriptions des messages potentiels. Il est fortement encouragé pour vous de lire les sections qui expliquent entièrement pourquoi les différentes parties du corps ont les messages qu'elles transmettent, plutôt que de simplement prendre mes informations ici. Comme je l'ai déjà dit, je ne proclame pas avoir toutes les réponses. Vous devez poser vos propres questions pour obtenir des informations correctes en ce qui vous concerne. Certains de ces messages provenaient de séances d'hypnose et beaucoup venaient de moi intuitivement, dans un "ressenti" de la maladie concernée ou du processus de la maladie pour voir ce qu' "ILS" avaient à "dire."

Abcès: Colère non exprimée. (L'emplacement de l'abcès permettra de mieux comprendre la cause de la colère)
Accidents: Messages (Le type d'accident donnera plus de détails sur le message.)
Accident de glissade: ne pas posséder de base solide; ne pas savoir "sur quel pied danser."
Acné: Essayer de se cacher. Ne pas se sentir "suffisamment bien". Des petits morceaux de colère qui arrivent en surface.
Acouphène: Ne pas écouter vos conseils. Peut aussi être un appel pour augmenter votre fréquence.
Addictions: Un besoin de contrôler votre environnement.

Alcoolisme: Désir de s'échapper et de ne pas être présent.

Allergies: De nombreuses allergies proviennent de traumatismes passés.

Amnésie: Déni de la situation actuelle; échappatoire.

Anémie: ne pas reconnaître sa propre valeur; un sentiment de faiblesse.

Anorexie: vouloir disparaître; ne pas vouloir être ici.

Anus (Problèmes d'): Ne pas vouloir "laisser s'échapper" les problèmes; un désir de contrôler les situations et les personnes.

Anxiété: ne pas faire confiance à l'Univers / son Soi supérieur / à tout ce qui est en dehors du soi.

Apathie: Ne pas s'engagé dans le flux de la vie ou la joie de vivre.

Aphtes: Mots de colère souhaitant s'exprimer.

Appendicite: Colère envers son incapacité à se libérer des émotions.

Artères: Le flux de la vie. Joie.

Artériosclérose: La joie manque dans votre vie. Devenir endurci à la vie.

Arthrite: être inflexible dans ses mouvements et ses attitudes envers une nouvelle direction dans la vie. Aux mains: essayer de s'accrocher à quelque chose ou à quelqu'un.

Arthrite rhumatoïde: Tenir fermement quelque chose / quelqu'un. Ne pas libérer.

Articulations: points flexibles dans le corps qui permettent aux os de bouger.

Asthme: Se sentir contraint dans la vie; incapable de bouger librement; peut aussi être une issue de mort de la vie passée.

Bras (Problèmes de): Problèmes d'acceptation et d'adhésion à l'amour et à l'affection.

Bronchite: Arrêt de la force de vie. Constriction des désirs.

Brûlures: Un message urgent auquel faire attention. (L'emplacement de la brûlure donnera plus d'information quant au message.)

Calculs biliaires: Rigidité ou durcissement des processus de pensée.

Cancer: Haîne intense et / ou ressentiment / colère contre un autre individu, mais non exprimée ouvertement; colère tournée vers l'intérieur.

Cataractes: Ne pas vouloir voir ce qui nous attend; peur du futur.

Cerveau: ordinateur central ou message "expéditeur et destinataire" du corps.

Cerveau (Problèmes de): problèmes liés à la réception de messages; résistance à la saisie d'informations.

Chevilles (Problèmes de): Ne pas être flexible en n'évoluant pas dans une nouvelle direction.

Chute lors d'accident: Sentiment d'insécurité; ne pas savoir "sur quel pied danser."

Colite et d'élimination (Problèmes de): "Sur-attachement", pas de libération dans la situation.

Coma: Fuite totale d'une situation.

Conjonctivite: En colère contre ce que vous voyez. Ne pas vouloir faire face à une situation.

Constipation: Qu'est-ce que vous essayez de retenir?

Cou: Permet à la tête de se déplacer pour obtenir différentes perspectives.

Cou (Problèmes au): Rigidité ou manque de flexibilité dans la vision des choses d'un point de vue ou d'une perspective différente.

Colonne vertébrale: le soutien du corps; il retient le corps.

Coude: L'articulation qui permet aux bras d'embrasser l'amour et l'affection.

Courbure de la colonne vertébrale: ne pas défendre ce auquel vous croyez; être fade.

Crampes abdominales: Retentions des émotions et des pensées; ne pas relâcher ses émotions.

Crise cardiaque: pression exercée par de la responsabilité; vouloir y échapper.

Défauts à la naissance: karmiques; vous décidez et planifiez tout le plan du corps avant l'incarnation.

Démangeaisons: Désir de bouger et d' "aller de l'avant."

Dépression: échapper au présent.

Diabète: Manque de douceur / d'amour dans votre vie.

Diarrhée / mictions fréquentes: Qu'est-ce que vous essayez de sortir rapidement de votre vie?

Dos (Problèmes de): Porter une charge lourde et ne pas se sentir pris en charge.

Dos - Bas et milieu (Le système de support): Ne pas se sentir pris en charge.

Dos (Tension du haut du dos, du cou et des épaules): Porter les problèmes des autres, se sentir comme si vous aviez le monde entier pesant sur vos épaules.

Douleurs: Une tentative d'attirer votre attention. (L'emplacement de la douleur donnera plus de détails quant au message)

Douleur au pied, à la jambe ou à la hanche: Ne pas aller dans la bonne direction ou ne pas tenir compte de ce qui devrait être fait.

Douleurs gazeuses: Difficulté à digérer les pensées ou les émotions.

Ecchymoses: Ne pas faire attention à soi-même.

Eczéma: Trop d'énergie entrant dans le corps; brûlé dans une autre vie.

Emphysème: Peur de la vie. Peur de "vivre."

Ènurésie: Ne pas se sentir en sécurité dans la libération des émotions.

Épilepsie: Trop d'énergie entrant dans le corps.

Èpuisement: Tenter d'échapper à la situation actuelle.

Èquilibre, perte de: indécision; pas sûr de la prochaine action.

Éruption cutanée: irritation par une situation; l'emplacement de l'éruption donnera plus de détails quant à la situation.

Estomac (Problèmes d'): Tenez vos émotions et ne les relâchez pas; incapable de "digérer" quelque chose ou de "digérer" des mots ou des pensées.

Fibrose kystique: ne pas se sentir libre de vivre sa vie; se sentir contraint.

Folie: S'échapper de la réalité actuelle; ne pas prendre de responsabilité pour vous-même.

Frissons: Un désir de se retirer de la situation sociale.

Foie: filtre les toxines du corps.

Foie (Problèmes de): Vous avez un problème avec une situation toxique ou des toxines ou des poisons réels dans votre vie.

Gastrite: Incapacité ou réticence à libérer des émotions de colère.

Gangrene: Un désir de laisser cette vie" une morceau à la fois."

Genoux: Points de flexion des jambes; laissez les jambes bouger.

Genoux (Problèmes de): Résistance à se déplacer dans la direction souhaitée dans la vie.

Glaucome: Déni de situation. Ne pas libérer vos émotions; le lieu donnera plus de renseignements sur les émotions.

Gorge (Troubles de la): Ne pas dire la vérité ou se retenir. Peur de parler.

Graisses: Besoin de se protéger contre une attention indésirable.

Grippe: Se sentir vulnérable; une victime; besoin d'un repos.

Hanche: Joint qui permet à la jambe de se plier et de bouger.

Hanche (Problèmes de): Résistance au déplacement dans la direction souhaitée.

Hémorroïdes: Vous devez vous lever de votre fessier et commencer à bouger; quelque chose est une "emmerdement".

Hépatite: état de colère contre une situation toxique.

Hernie: constriction des émotions; sentir que vous ne pouvez pas exprimer vos émotions.

Herpès: Sentiment de honte ou culpabilité de la sexualité.

Hypermétropie: peur du présent.

Impuissance: Se sentir la victime; problèmes de masculinité; dominé par une femme. Vœu de célibat dans une vie passée.

Incontinence: se sentir impuissant; perte de contrôle.

Indigestion: Ne pas se sentir à l'aise avec quelque chose que vous faites ou que vous dites.

Infection: colère contre soi-même. L'emplacement de l'infection donnera un aperçu de la nature de cette colère.

Infections urinaires: Vous devez libérer une situation toxique dans votre vie.

Inflammations: pensées de colère sur soi-même ou de quelque chose. (L'emplacement de l'inflammation donnera plus d'information sur le problème.)

Insomnie: La peur provient généralement d'une situation qui s'est produite dans l'enfance.

Intestins: En charge de l'élimination des déchets du corps.

Intestins (Problèmes d'): Problèmes avec l'élimination des déchets dans votre vie. Peur de laisser aller.

Jambes: Parties du corps qui vous déplacent et vous transportent de l'avant.

Jambe (Problèmes de): Résistance à avancer.

Kystes: Colère. L'emplacement donnera plus de perspicacité quant à ce qui vous a mis en colère.

Laryngite: incapacité ou peur de parler.

Leucémie: Désir de quitter cette vie et cette planète.

Lupus: attaque sur soi-même; ressentir le besoin d'être puni.

Machoires (Problèmes de): Ne pas dire votre vérité; Peur de la rejection; peur de ne pas être "assez bien".

Mains: Les mains sont utilisées pour accepter et tenir les choses; également utilisés comme outils.

Maladie d'Alzheimer: Désir de quitter le corps, mais très progressivement afin d'aider ceux qui les entourent à accepter leur départ.

Maladies chroniques: Résistance à comprendre les messages.

Maladie vénérienne: Se sentir honteux ou coupable dans sa sexualité; peut également avoir fait vœu de célibat dans une autre vie.

Maux de tête: Pression / stress dans cette vie ou peut-être un traumatisme passé.

Ménopause (Problèmes de): Vous sentez que vous perdez votre pouvoir personnel; ne pas se sentir créatif.

Menstruation (Problèmes de): Résistance à entrer dans votre pouvoir féminin; ne pas se sentir créative.

Migraines: Résidus de traumatisme passé.

Myopie: la peur du futur.

Nez (Problèmes de): Pas disposé à examiner une situation qui est très proche de vous.

Oedème: Retenir ses émotions. Ne pas permettre aux émotions de circuler.

Odeur corporelle: ne pas s'aimer; tenter de repousser l'attention des autres envers soi.

Ongle incarné: Résistance à avancer.

Oreilles: Organe sensoriel pour l'audition.

Oreille (Problèmes d'): Problèmes avec des conseils auditifs des autres ou de nous-mêmes.

Os: Cadre du corps.

Os (Problèmes d'): problèmes avec vos plans; ne pas se sentir en sécurité avec les décisions.

Pancréas (Problèmes du - diabète): Un manque de douceur ou de joie dans votre vie.

Paralysie: Peur ou indécision concernant votre ligne de conduite. L'emplacement de la paralysie donnera plus de réponse quant au message.

Parkinson (Maladie de): Tentative pour contrôler les personnes et les situations autour de vous.

Phlébite: Blocs dans le flux de l'énergie dans votre vie. (L'emplacement du caillot vous donnera plus d'informations sur la zone de votre vie affectée.)

Pieds: Déplacez-vous dans de nouvelles directions et situations.

Pied d'athlète: Problèmes pour "sortir" dans une nouvelle direction.

Pneumonie: fatigué de la vie et de vivre; perte de joie dans votre vie.
Pression artérielle: Manque de confiance dans le monde qui vous entoure.
Problèmes buccaux: ne pas dire la vérité; besoin de parler.
Problèmes cardiaques: Le cœur est le siège des émotions, des problèmes avec la vie amoureuse.
Problèmes de dents: Peur ou incapacité à dire votre vérité.
Problèmes de pieds: Résistance à se déplacer dans une nouvelle direction.
Problèmes féminins: ne pas se sentir créative. Se sentir victimisée. Avoir des problèmes avec votre féminité.
Problèmes lymphatiques: Vous vous sentez attaqué et victime.
Problèmes respiratoires: Ne pas participer à la vie. Peur de la vie.
Problèmes de Sinus: pression exercée par une personne proche - généralement vous-même.
Problèmes thyroïdiens: Peur que ce que vous avez à dire ne soit pas important.
Prostate (Troubles de la - Homme): Sentiment de perte, de dysfonctionnement ou de détournement de pouvoir.
Reproduction (Troubles de la - femmes): (Centre créatif) Ne pas apprécier son expression féminine, la culpabilité et / ou la peur dans l'expression de la qualité réceptive. Ne pas se sentir créative. Vouloir avoir des enfants ou se sentir coupable de grossesses perdues.
Rhumes: Indécision, besoin de prendre une décision et de ne pas le faire; se sentir désolé pour soi et souhaitant retarder ses activités. Sont surmenés et ont besoin de se reposer.
Saignement: Vous vous sentez hors de contrôle avec votre propre force de vie.
Saignement des gencives: Se sentir hors de contrôle de ce que vous dites.
Sang: Force vitale du corps.
Sang (Problèmes de): Problèmes avec votre façon de voir votre vie. Manque de joie et de "vie" dans votre vie.
Sclérose en plaques: colère lors de communications; on ne reçoit pas vos messages.
Scoliose: Ne pas prendre position pour vous-même; être fade.
Seins: Centre nourricier du corps.

Sein (Problèmes de): Problèmes / colère liés à l'éducation; ne pas être nourri ou incapable de nourrir.

Sexuels (Problèmes): pas assez ou trop de sexe, peut avoir pris le vœu de célibat dans une autre vie.

SIDA: avoir honte; culpabilité extrême. Peur du jugement d'autruit.

Surdité: refus d'écouter. Qu'est-ce que vous ne voulez pas entendre?

Surpoids: Besoin de se protéger contre les blessures; peut-être affamé dans une vie passée.

Troubles auditifs: Incapacité ou refus d'écouter ou d'accepter ce qui est entendu. Ne pas vouloir entendre quelque chose.

Troubles digestifs: Que se passe-t-il que vous ne pouvez pas "digérer"?

Troubles nerveux: stress, inquiétude; surcharge d'entrée sur le système.

Troubles oculaires: incapacité ou refus de voir les choses telles qu'elles sont réellement ou de ne pas vouloir regarder quelque chose; pas en mesure de voir l'image entière.

Troubles pulmonaires (asthme): se sentir limité, se sentir étouffé par des individus ou des situations.

Troubles rénaux: Que tentez-vous de sortir de votre vie? Qu'est-ce qui empoisonne votre vie?

Tumeurs Fibroïdes: Sentiment de culpabilité ou de chagrin pour les grossesses perdues; grande envie d'avoir des enfants.

Ulcères: Qu'est-ce qui vous "mange"? Autorisez-vous les autres à vous contrôler?

Urticaire: Une irritation venant de l'intérieur; se manger de l'intérieur avec inquiétude.

Utérus: le centre créatif et la zone de pouvoir féminine.

Végétations adénoïdes: Incapacité à vous exprimer ou à dire ce que vous désirez.

Ver solitaire: Se sentir la victime; qu'est-ce qui vous ronge?

Vertiges: Ne pas se sentir centré. Se sentir instable ou indécis.

Verrues: Se sentir laid; sentiments de haine de soi.

Vessie (Problèmes de): problèmes liés à la libération de quelque chose. (La peur de le garder ou de le laisser partir.)

Visage: Comment vous vous présentez au monde et aux autres.

Yeux: Organe sensoriel pour voir; comment nous voyons le monde qui nous entoure.

Julia Cannon

Julia est devenue infirmière diplômée et a travaillé dans le domaine de soins intensifs et de la santé à domicile pendant toute sa carrière sur plus de 20 ans. Elle a ensuite décidé d'explorer d'autres aspects de la profession de la santé et s'est formée dans le domaine de la Guérison Reconnective et de la Thérapie par l'Hypnose Quantique de Guérison par Dolores Cannon.

Sa forme de guérison par les énergies a pris à présent sa propre dimension et s'est transformée en une forme qu'elle appelle "Lightcasting" (L'envoi de lumière). Les lumières intuitives proviennent des mains pour ainsi diriger l'énergie là où elle est nécessaire dans le but d'équilibrer les déficiences du corps. Cet rééquilibrage peut se produire au niveau physique, mental et / ou spirituel. Pendant qu'elle travaille dans le domaine énergétique de quelqu'un, elle reçoit des messages / impressions intuitifs de ce qui s'y passe et de ce qui est nécessaire pour aider la personne à apporter sa propre guérison.

Lorsque Julia fait du travail à distance, elle est transportée intuitivement à l'intérieur du corps de son patient pour voir à quoi il ressemble et ensuite, elle possède des méthodes pour corriger toutes situations. Ce développement spontané continue de l'étonner dans ses applications.

Other Books by Ozark Mountain Publishing, Inc.

Dolores Cannon
A Soul Remembers Hiroshima
Between Death and Life
Conversations with Nostradamus,
  Volume I, II, III
The Convoluted Universe -Book One,
  Two, Three, Four, Five
The Custodians
Five Lives Remembered
Jesus and the Essenes
Keepers of the Garden
Legacy from the Stars
The Legend of Starcrash
The Search for Hidden Sacred Knowledge
They Walked with Jesus
The Three Waves of Volunteers and the
  New Earth
Aron Abrahamsen
Holiday in Heaven
Out of the Archives – Earth Changes
James Ream Adams
Little Steps
Justine Alessi & M. E. McMillan
Rebirth of the Oracle
Kathryn/Patrick Andries
Naked in Public
Kathryn Andries
The Big Desire
Dream Doctor
Soul Choices: Six Paths to Find Your Life
  Purpose
Soul Choices: Six Paths to Fulfilling
  Relationships
Patrick Andries
Owners Manual for the Mind
Cat Baldwin
Divine Gifts of Healing
Dan Bird
Finding Your Way in the Spiritual Age
Waking Up in the Spiritual Age
Julia Cannon
Soul Speak – The Language of Your Body
Ronald Chapman
Seeing True
Albert Cheung
The Emperor's Stargate
Jack Churchward
Lifting the Veil on the Lost Continent of
  Mu
The Stone Tablets of Mu
Sherri Cortland
Guide Group Fridays
Raising Our Vibrations for the New Age
Spiritual Tool Box
Windows of Opportunity
Patrick De Haan
The Alien Handbook
Paulinne Delcour-Min
Spiritual Gold
Holly Ice
Divine Fire
Joanne DiMaggio
Edgar Cayce and the Unfulfilled Destiny
  of Thomas Jefferson Reborn
Anthony DeNino
The Power of Giving and Gratitude
Michael Dennis
Morning Coffee with God
God's Many Mansions
Carolyn Greer Daly
Opening to Fullness of Spirit
Anita Holmes
Twidders
Aaron Hoopes
Reconnecting to the Earth
Victoria Hunt
Kiss the Wind
Patricia Irvine
In Light and In Shade
Kevin Killen
Ghosts and Me
Diane Lewis
From Psychic to Soul
Donna Lynn
From Fear to Love
Maureen McGill
Baby It's You
Maureen McGill & Nola Davis
Live from the Other Side
Curt Melliger
Heaven Here on Earth
Henry Michaelson
And Jesus Said – A Conversation
Dennis Milner
Kosmos
Andy Myers
Not Your Average Angel Book
Guy Needler
Avoiding Karma
Beyond the Source – Book 1, Book 2
The Anne Dialogues

For more information about any of the above titles, soon to be released titles,
or other items in our catalog, write, phone or visit our website:
PO Box 754, Huntsville, AR 72740
479-738-2348/800-935-0045
www.ozarkmt.com

Other Books by Ozark Mountain Publishing, Inc.

The Curators
The History of God
The Origin Speaks
James Nussbaumer
And Then I Knew My Abundance
The Master of Everything
Mastering Your Own Spiritual Freedom
Living Your Dram, Not Someone Else's
Sherry O'Brian
Peaks and Valleys
Riet Okken
The Liberating Power of Emotions
Gabrielle Orr
Akashic Records: One True Love
Let Miracles Happen
Victor Parachin
Sit a Bit
Nikki Pattillo
A Spiritual Evolution
Children of the Stars
Rev. Grant H. Pealer
A Funny Thing Happened on the
    Way to Heaven
Worlds Beyond Death
Victoria Pendragon
Born Healers
Feng Shui from the Inside, Out
Sleep Magic
The Sleeping Phoenix
Being In A Body
Michael Perlin
Fantastic Adventures in Metaphysics
Walter Pullen
Evolution of the Spirit
Debra Rayburn
Let's Get Natural with Herbs
Charmian Redwood
A New Earth Rising
Coming Home to Lemuria
David Rivinus
Always Dreaming
Richard Rowe
Imagining the Unimaginable
Exploring the Divine Library
M. Don Schorn
Elder Gods of Antiquity
Legacy of the Elder Gods
Gardens of the Elder Gods
Reincarnation...Stepping Stones of Life
Garnet Schulhauser

Dance of Eternal Rapture
Dance of Heavenly Bliss
Dancing Forever with Spirit
Dancing on a Stamp
Manuella Stoerzer
Headless Chicken
Annie Stillwater Gray
Education of a Guardian Angel
The Dawn Book
Work of a Guardian Angel
Joys of a Guardian Angel
Blair Styra
Don't Change the Channel
Who Catharted
Natalie Sudman
Application of Impossible Things
L.R. Sumpter
Judy's Story
The Old is New
We Are the Creators
Artur Tradevosyan
Croton
Jim Thomas
Tales from the Trance
Jolene and Jason Tierney
A Quest of Transcendence
Nicholas Vesey
Living the Life-Force
Janie Wells
Embracing the Human Journey
Payment for Passage
Dennis Wheatley/ Maria Wheatley
The Essential Dowsing Guide
Maria Wheatley
Druidic Soul Star Astrology
Jacquelyn Wiersma
The Zodiac Recipe
Sherry Wilde
The Forgotten Promise
Lyn Willmoth
A Small Book of Comfort
Stuart Wilson & Joanna Prentis
Atlantis and the New Consciousness
Beyond Limitations
The Essenes -Children of the Light
The Magdalene Version
Power of the Magdalene
Robert Winterhalter
The Healing Christ

For more information about any of the above titles, soon to be released titles,
or other items in our catalog, write, phone or visit our website:
PO Box 754, Huntsville, AR 72740
479-738-2348/800-935-0045
www.ozarkmt.com

www.ingramcontent.com/pod-product-compliance
Lightning Source LLC
Chambersburg PA
CBHW071726090426
42738CB00009B/1895